KB047500

아들이
사람을
죽였습니다

가장 연약하고
고독한 이름,
가해자가족

아베 교코 지음
이경림 옮김

이너북스

息子が人を殺しました：加害者家族の真実

MUSUKO GA HITO WO KOROSHIMASHITA: KAGAI-SHA KAZOKU NO SHINJITSU

by KYOKO ABE

● 독자를 위한 일러두기 ●

1. 이 책에 표기된 일본 통화(엔)는 일본 원서에 표기된 금액에 10을 곱하여 한국 통화(원)로 수정하여 표기하였다.

2. 이 책에 소개된 사건은 모두 개인이 특정되지 않도록 일부 변경했으며 이름은 가명으로 표기하였다.

한국어판 서문

아베 쿄코 이사장(일본 비영리단체 월드오픈하트)

"아들이 사람을 죽였습니다."

전화기 너머 떨리는 목소리로 가해자가족지원은 시작되었다.

갑작스러운 가족의 체포, 마치 범인처럼 취급된 사정청취, 많은 사람이 방청하는 법정에서의 증언, 멀리 떨어진 교도소로 가는 길… 가해자가족이 겪는 어려움은 여기에서 그치지 않는다.

제1장에서는 형사사법 절차가 진행되면서 가해자가족이 경험한 다양한 장면을 서술하였다. 범죄자는 보통의 평범한 가정에서도 나올 수 있다. 이것이 진실이다. 제2장에서는 상담했던 데이터를 근거로 가족도 범인처럼 취급당하는 가해자가족의

실태를 보여 주었다. 제3장에서는 그 공포와 가해자가족이 짊어져야만 하는 책임에 대해서 이야기하였다. 가해자가족의 가장 큰 적은 언론이다. 제4장에서는 범죄보도의 실상과 궁금증에 대한 내용이다.

제5장, 제6장에서는 범죄사건의 배경에 들어 있는 가족병리와 사건 후 사회적 비난을 받으면서도 살아냈던 가해자가족의 이야기를 담았다. 제7장에서는 가해자가족에 대한 사회적 비난이 결코 범죄를 줄이지 못한다는 것을 보여 주고 있다. 제8장에서는 필자가 가해자가족지원의 길을 가게 되기까지의 만남, 경험, 단체설립 등 지금까지의 발자취에 대해서 기록했다.

그 외 다양한 상황에 있는 가해자가족을 지원하면서 봤던 '가족신화'의 거짓, 가족연대책임이 낳은 또 다른 비극, 가정으로부터 범죄자를 만들지 않기 위해서 해야 할 일에 대해서 놓치지 않았다.

지금까지 사회에서 금기시해 왔고 결코 밝혀지지 않았던 충격적 진실이 이 책 안에 있다. 일본에서와 같이 한국에서도 많은 독자에게 읽히길 바란다.

서문

임성택 변호사[법무법인(유한) 지평, 국가인권위원회 인권위원]

　근대 형사절차는 '가해자'의 인권을 중심으로 발전해 왔다. 오타라고 생각한 사람도 있겠지만 '가해자'의 인권이 맞다. 고문 받지 않을 권리, 영장 없이 체포당하지 않을 권리, 진술을 거부할 권리, 변호인을 선임할 권리, 변호인과 접견하고 소통할 권리 등은 피의자가 된 '가해자'의 권리로 마련되었다. 고문과 강압으로 진실을 밝히고, 가해자를 막무가내로 처단하던 과거에 대한 반성이 근대 형사절차의 핵심이다.

　형사절차에서 '피해자'의 권리에 관심을 갖게 된 것은 비교적 최근의 일이다. 피해자가 형사절차에 참여하여 정보를 얻고, 변호사의 도움을 받으며, 자신과 관계된 사건의 당사자로서 권리를 인정받게 된 것은 그리 오래 되지 않았다. 그래서 아직도 피해자의 보호가 충분하지 않다는 지적도 있다. 이런 상황에서 가해자가족의 권리 또는 인권을 이야기하는 것에 반감을 가지는 사람이 있을지도 모르겠다.

변호사인 나는 '피해자'를 대리하는 경우보다 죄를 지은 '피의자' 또는 '피고인'을 대리하는 경우가 많다. 구속사건을 수임할 때 가해자의 가족을 제일 먼저 만나게 된다. 그럼에도 나조차 '가해자의 가족'은 '피의자'를 위한 가교나 조력자로만 생각했다. 이 책은 이러한 가해자가족이 겪는 어려움을 여러 각도에서 생생하게 살피고 있다.

가해자가족의 인권을 고려하고 지원하는 것은 매우 중요하다. 첫째, 가해자의 가족은 가해자가 아니기 때문이다. 엄밀하게 보면 이들도 피해자이다. 우리 사회가 가해자의 가족에게 가해자와 같은 책임과 비난을 가한다면 이는 연좌제와 다를 바가 없다. 「헌법」 제13조 제3항은 "모든 국민은 자기의 행위가 아닌 친족의 행위로 인하여 불이익한 처우를 받지 아니한다."라고 규정하고 있다. 우리나라에서 연좌제는 1894년 갑오개혁으로 폐지되었고, 1980년에는 「헌법」에 연좌제 금지가 명문화되었다. 그러나 연좌제는 아직도 살아 있다. 이 책을 읽으면 가해자의 가족이 죄를 함께 짊어지고 있으며 가해자 이상으로 책임을 지고 있다는 것을 잘 알 수 있다.

둘째, 가해자가족은 이른바 '위기가정'이다. 가해자의 가족은 갑자기 위기에 봉착한다. 사랑하는 이가 가해자가 된 것 자체가 가장 큰 위기인데 더 나아가 생계가 어려워지고 주변의 시선이 차가워지며 여러 곤란한 상황에 빠진다. 위기가정을 지원하는 것은 복지국가의 기본이다. 국가뿐 아니라 지역사회가 이들의 어려움을 살피는 것은 당연하고, 사회안전망을 위해서도 필요한 일이다.

셋째, 가해자가족지원은 안전한 사회를 위해서도 필요하다. 가해자의 가정이 파탄 나고 불안정해지면 수용자의 사회복귀는 어려워진다. 그러면 당연히 재범률은 높아진다. 가정이 어려워지면 수용자의 자녀는 대물림하여 죄를 범할 가능성이 생긴다.

이 책이 널리 읽혀 우리나라에서도 가해자가족의 문제에 관심을 가지고 지원체계가 수립되기를 간절히 바란다.

이수정 교수(경기대학교 범죄심리학과)

느닷없이 범죄를 저지른 사람들의 가족들은 범죄피해자와 마찬가지로 평이하게 흘러가던 인생의 단절을 경험할 것이다. 그러나 세상은 피해자의 편에 서서 가해자에 대한 응보만을 외칠 뿐 그들에게도 무고한 가족이 있을 것임을 배려치 않는다. 이 책은 철저하게 외면당하는 범죄자의 가족들이 어떤 경험을 하는지 보여 주고 있다.

가끔 필자도 성범죄자들에 대한 신상공개제도가 과연 기대하는 만큼의 순기능이 있을 것인지 궁금하다. 그러나 확실한 점은 신상공개가 성범죄자의 가족들에게는 무척 많은 고통을 유발하고 있다는 점이다. 몇 년 전 실제로 신상공개 대상자의 아들이 자살을 한 사건이 있었다. 그 아들은 부친에게 주어졌던 아동성추행범의 혐의가 잘못된 것이라고 굳게 믿고 있었다. 그러나 아버지의 억울함은 제대로 밝혀지지 못했고, 결국에는 출소 후 가족이 거주하는 주소지까지 공개되자, 부담을 많이 느끼다 극단적인 선택을 하였다. 가끔 가해자의 가족으로부터 이메일이 오기도 한다. 성추행으로 퇴직한 국가공무원의 부인은 사건 이후 근 6개월을 남편의 무고함을 밝히기 위해 백방으로 읍소하는 중이었다. 피해자의 가족 역시 피해자의 고통을 떠맡느라 힘들겠으나 언급한 선례처럼 가해자의 가족 역시 고통을 받기는 매한가지이다. 어느 날 갑자기 범죄를 저지른 가족과 함께 죄인으로 추락하는 경험을 하는 것은 분명 고통스러운 일이다.

이 책은 범죄에 대한 피해자와 가해자가 아닌 주변인들 역시 고통의 롤러코스터를 탄다는 것을 알려 준다. 부디 이 책을 통해 범죄 발생의 주변부까지 사회의 이해도가 넓어지기를 기원해 본다.

가장 적기에… 가장 절실한 0.5%의 아동들, 수감자자녀

———

이경림 상임이사(사단법인 아동복지실천회 세움)

"수감자(수용자)자녀를 지원하고 있습니다."

이 말을 하면 두 명 중 한 명의 얼굴은 딱딱하게 굳는다.

"피해자자녀도 돕지 못하는데 수감자자녀를 도와야 할까요?"

긴장된 얼굴로 조심스럽게 이런 말을 덧붙인다.

세움은 이렇게 시작되었다. 부모의 범죄로 인해 남겨진 아이들을 만난다. 그 아이들이 겪는 어려움의 무게는 수십 년이 지나도 지워지지 않을 깊이로 아이들의 머리와 가슴에 새겨진다. 유럽에서 수감자자녀를 지원하는 단체 코프(COPE, Children of Prisoners Europe)의 캐치프레이즈는 "내 잘못도 아닌데, 동일한 형량을 받았다(Not my crime, Still my sentence)!"이다. 부모의

범죄와 상관없이 한 아동으로 보호받고 성장해야 할 권리가 있음에도 그렇지 못함을 보여 주고 있다.

이 책의 저자 아베 쿄코 이사장과의 만남은 2015년 세움을 시작하면서 알게 되었고 매년 한국과 일본의 정보와 경험을 나누고 있다. 아베 이사장은 이 책에서 **"사람은 타인에게서 이해받은 만큼 다른 사람을 이해하기 때문에 가해자가족만이 할 수 있는 역할을 할 수 있게 하는 것이 사회의 책임이며, 인간에 대한 차별은 그 사람에 대한 가능성을 빼앗는 일"**이라고 말하고 있다.

2017년 세움이 조사한 국가인권위원회의 자료를 보면 수감자자녀는 약 5만 4천 명이며 수감자 중 18세 미만의 미성년 자녀가 있는 사람은 25.4%로 평균 1.5명의 자녀가 있는 것으로 조사되었다. 담장 밖에서 아이들을 양육하고 있는 양육자(남겨진 배우자 혹은 조부모)까지 포함하면 범죄로 인해 수감자가족이 된 사람들은 우리가 생각하는 것보다 더 많다. 자신의 잘못이 아님에도 누구에게도 어려움을 말하지 못한 채 죄인처럼 자신을 담장 안으로 가두는 사람들이 있다.

먼저 이 책을 통해 수감자자녀에 대한 사회적 인식이 변화되기를 바란다. 그리고 수감자자녀들에 대한 사회적 관심이 높아

져 따뜻한 도움의 손길이 닿기를 기대한다. 마지막으로 수감자 자녀와 가족이 가지는 삶의 무게를 이해하고 차별하지 않음으로써 우리가 함께 살아야 하는 아이들의 가능성을 빼앗지 않기를 기원하며 이 책을 번역하였다. 범죄자로 불리는 그들 역시 누군가의 아들과 딸이며, 누군가의 아빠 또는 엄마이다. 그들에게도 돌아갈 가정이 있어야 한다. 이들 역시 우리와 함께 살아가야 하는 우리의 이웃이기 때문이다.

세움은 지난 4년 동안 약 200가정의 아이들과 가족들을 비밀친구로 만났다. 처음 본 우리에게 그 가족들은 오랜 시간에 걸쳐 그들의 이야기를 들려주었다. 누구에게도 해 본 적 없는 가슴속 깊이 숨겨 둔 아픔들은 우리를 통해 쏟아져 나왔다.

"아무에게도 할 수 없는 이야기를 해서 마음이 조금은 편해졌다."
"이런 이야기를 들어주어서 너무너무 고맙다."
"우리 같은 사람들을 인간으로 대우해 주어서 고맙다."

어려움과 아픔은 가해자가족으로서 당연히 견뎌야 하는 것이라 생각하며 묵묵히 살아가는 그들의 이야기는 듣는 내내 인간의 존엄에 대한 고민을 하게 한다. 세움이 만날 수 있는 아이들

　　　　　　　　　　　　　　　　　• 옮긴이의 글

과 가족들은 한정되어 있지만 이 책을 통해서 우리 사회에 숨겨져 있는 수감자가족과 아동들이 힘을 얻기를 바란다. 우리가 전하고 싶은 말은 두 문장이다.

"이건 너의 잘못이 아니야. 너는 귀한 존재야!"

한국과 일본에는 가족의 연대책임을 묻는 문화가 남아 있다. 한국의 수감자(수용자)자녀와 가족들을 조금이나마 이해하게 되길 바라며 세움이 그동안 만났던 가족들의 이야기도 이 책 중간중간에 기록하였다. 용기 있게 이야기를 나누어 준 아이들과 양육자에게 깊은 감사를 드린다.

차례

제
1
장

어느 날 갑자기
범죄자의 가족이
되다

• 아들이 사람을 죽였습니다

제
10
장

범
죄
자
로

만
들
지
않
기
위
해

가
족
이
할
수
있
는
일

제
1
장

어느 날 갑자기 범죄자의 가족이 되다

아들이
사람을

죽였습니다

———

    이른 아침 울리는 전화벨소리에 60대인 고토 요시코는 불길한 예감과 함께 눈을 떴다. 언제나 아침에 오는 전화는 불길한 소식이다. 먼저 마음속에 떠오른 생각은 아흔이 넘은 어머니였다. 쓰러지지 않으셨으면 좋겠는데. 다음으로 아들이 생각났다. 사고가 아니길 바라며 수화기를 들었다.

    "경찰서입니다."

    병원이 아니고 경찰서라니 요시코는 자신의 귀를 의심했다. 친척의 부고 소식이겠거니 생각했지만 수화기를 들고 있는 아내의 모습에 남편도 신경이 쓰였다. 요시코는 좀처럼 수화기를 내려놓지 못했다.

    "뭐라구요? 무슨 말씀이신지 잘 모르겠어요."

요시코는 전화 상대에게 똑같은 질문을 반복할 뿐이다.

"누가 죽었어?"

남편은 전화기 옆에서 수화기를 놓지 못하는 아내에게 물어보았다. 답답한 나머지 아내로부터 수화기를 빼앗아 들었지만 이미 전화는 끊겨 있었다.

"무슨 전화야?"

사색이 되어 쓰러질 것 같은 요시코의 몸을 부축하며 물어보았다.

"여보! 마사토가 사람을 죽였대."

그 말에 남편은 머리를 한 대 얻어맞은 것 같았다. 잘못 들었다고 믿고 싶었다.

"뭐라고?"

"걔가… 사람을 죽였대."

사람을 죽인 것이다. 남편 야스오의 마음속에는 '죽였다'라는 단어만 반복해서 떠오를 뿐이었다. 그리고 며칠 후 요시코는 필자에게 전화를 걸었다.

"아들이 사람을 죽였습니다. 살인용의자로 체포되었고 피해자는 사귀고 있던 여성입니다."

요시코와 남편은 경찰로부터 피해자의 이름을 듣고 더 충격을 받았다. 피해자 이케다 아이코는 요시코의 아들이 사귀는 여자라며 1년 전 집에 데리고 와서 소개해 준 여성이었다. 그녀와 함께 있는 것이 행복하다고 결혼까지 생각했던 아들이었는데 왜 이런 일이 벌어진 것일까.

"아이코 씨에게는 이미 사귀던 남자가 있었던 것 같습니다. 헤어지자는 말이 원인이 된 듯합니다."

요시코와 남편은 경찰의 말을 믿을 수가 없었다. 무죄의 가능성은 없어 보였다. 그러나 아들로부터 진실을 듣기 전까지는 이 사실을 믿고 싶지 않았다.

요시코와 남편은 사건과 관련된 이야기를 할 수 없다는 규정을 조건으로 10분간 면회가 허락되었다. 아크릴판의 반대편에 있는 초췌한 아들의 모습을 본 순간 두 사람은 자리에서 일어나 그저 아들을 바라볼 수밖에 없었다. 마사토는 고개를 숙인 채 울기 시작했다.

"죄송해요. 정말로 죄송해요."

용서를 빌며 울기만 하는 아들의 모습을 보면서 두 사람은 절망 속으로 떨어졌다.

"저는 죽이지 않았어요. 살인하지 않았어요."

아들의 당당한 항변을 기대했지만 아들이 사람을 죽였다는 사실을 받아들일 수밖에 없었다. **아들은 살인자였고 우리는 살인자의 가족이 된 것이다.**

경찰에 따르면 피해자 유족은 가해자 측과의 접촉을 거부하고 있으며 사과나 어떠한 합의도 요구하지 않았다. 사건 당시 피해자인 아이코가 여러 남자를 동시에 교제하고 있던 것이 사건의 원인이라고 보도되면서 악의에 찬 비난을 받고 있었다. 이로 인해 유가족들도 매우 괴로워하고 있었다.

아들의 구속은 여러 가지 경제 사회 이슈들에 묻혀 크게 보도되지는 않았다. 집을 방문한 기자들도 많지 않았다. 주변 사람들조차 이 사건을 알고 있는지 확실하지 않았다. 어떤 비난도 없었고 그렇게 하루하루 시간은 흘러갔다.

그러던 어느 날 마사토의 여동생 마사미가 울면서 전화를 했다. 마사미는 몇 년 전부터 직장 동료와 사귀고 있었다. 오빠 사건을 알게 된 마사미의 남자친구가 이별을 통보한 것이다. 마사미는 같은 직장에서 남자친구를 보는 것도 괴롭고 잠시 퇴직하고 집에서 쉬고 싶다고 말했다.

다음 날 딸이 사귀던 남자의 부모가 건장한 남성 두 사람을 데리고 갑자기 집으로 방문했다. 너무나도 위압적인 태도에 요시코와 남편은 압도되었다. 당사자끼리는 이야기가 끝났는데 도대체 이게 무슨 일이냐고 물어보았다.

"살인자가족과의 결혼은 허락할 수 없습니다. 우리들이 잘 타일러서 헤어지게 했습니다. 염려되는 것이 한 가지가 있는데 혹시 마사미가 복수하지 않을까 걱정됩니다."

"복수요? 설마… 우리 딸이?"

남자친구 어머니는 갑자기 위협적인 어투로 말하기 시작했다.

• 아들이 사람을 죽였습니다

"오빠가 저런 사건을 저질렀는데 같은 방법으로 내 아들에게도 복수하지 않겠습니까?"

딸마저 범죄자 취급을 하는 그녀의 말투에 요시코는 끓어오르는 분노를 억누를 수 없었다.

"아무리 그래도 너무하시네요."

"어쨌든 마사미를 잘 감시해 주세요. 경찰과도 상담했습니다."

"이제 제발 그만 돌아가 주세요."

울며불며 자신의 가슴을 치던 요시코를 남편은 죽을 힘을 다해 진정시켰다. 살인자의 가족은 이렇게 살아야 하는가? 남편 야스오도 억울한 마음에 눈물이 멈추지 않았다. 요시코와 야스오는 15년 형을 받은 아들을 지금도 기다리고 있다. **가해자가족이라는 이름으로 살아가게 될 것이라고는 한 번도 생각해 보지 않았다.** 우리가 알고 있는 범죄의 이면에는 지옥 속에서 살고 있는 가해자가족이 존재하고 있다.

인사도 없는
임의동행,

체포 그리고 이별

─

30대인 아사노 메구미는 평소와 다름없는 아침을 맞이하고 있었다. 아이들을 유치원에 데려다주었고 밀린 빨래며 설거지를 하고 있다. 요즘 들어 남편이 피곤한지 잘 일어나지 못했다. 남편은 방에서 밀린 잠을 자고 있었다.

아침 뉴스에서 최근 행방불명된 사람의 시신이 발견되었다는 보도가 나오고 있었다. 집 근처라 경찰, 기자들로 주변이 시끄러웠다. 아무래도 살인사건 같은데 범인은 잡히지 않은 듯했다. 아이들이 밖에서 자주 노는데 범인이 우리 주변에 사는 건 아니겠지 걱정도 했다.

그때 갑자기 초인종 소리가 들렸다. 오전 7시 반. 아침 일찍 누구일까? 메구미는 혹시 사건과 관련된 인터뷰일지도 모른다고 생각하면서 거울 앞에서 긴 머리를 다듬은 후 현관을 향했다. 문을 열자 두 명의 남성이 문 앞에 서 있었다. 한 사람은 경찰수첩을 들이대며 남편에게 상황을 들어야 하니 경찰서까지 동행해 달라고 하였다.

메구미는 놀라서 방에 있는 남편에게 경찰이 하는 말을 전했다. 남편의 표정은 얼어붙은 것 같았지만 곧 평상시의 모습으로 돌아와 회사 일이니 걱정 말라고 했다. 저녁에 보자며 경찰차를 타고 갔다. 설마 살인사건과 관계가 있는 건 아니겠지 하는 불안한 마음이 들었지만 그런 일은 없을 거라며 곧 불안을 떨쳐냈다. 그러나 아이들에게 인사 한마디도 하지 않고 집을 나간 남편은 두 번 다시 돌아오지 못했다. 며칠 후 남편은 근처에서 발생한 살인사건의 피의자로 체포되었다.

가해자가족이 가족의 범행사실을 알게 되는 계기는 매우 다양하다. 이 사건과 같이 임의동행한 후 돌아오지 못한 경우도 있고, 가족의 체포를 보도를 통해 알게 되는 사람들도 적지 않다.

체포된 가해자가 경찰과 변호사를 통해 가족과 연락하고 싶다고 말하지 않으면 체포사실을 알리지 않을 수 있다. 가벼운 사건의 경우 가해자는 체포사실을 가족에게 알리지 않은 채 석방되기도 한다. 범죄사실이 없었다고 믿었던 가족 중에 사실은 과거에도 체포사실이 있었다는 것을 나중에 알게 되는 경우도 적지 않다.

이 장에서는 사건이 발각되었을 때부터 가해자가 교도소를 출소할 때까지 가해자가족에게 일어날 수 있는 일들을 순차적으로 살펴보겠다. **형사 드라마라면 범인의 체포가, 재판 드라마라면 판결이 사건의 종결이다. 그러나 가해자가족에게 체포와 판결의 선고는 사건의 구별일 뿐 결코 끝이 아니다.**

· 아들이 사람을 죽였습니다

불량배처럼
요란한

언론인들

—

"기자? 불량배인가? 그때 조심조심 커튼 사이로 본 모습은 마치 영화 같았어요."

칠순이 넘은 아다치 다케오는 일본 전체를 흔들어 놓았던 흉악사건의 가해자가족이다. 범죄를 저지른 아들은 10년 이상 소식이 없었다. 아들의 사건은 갑자기 찾아온 기자를 통해 알게 되었다. 많은 기자가 며칠 동안 우리 집 주변을 둘러보고 있었다.

번쩍번쩍 헤드라이트와 경광등을 비췄고 헬리콥터까지 날아다녔다. 아들의 체포와 동시에 피해자의 시신도 발견되었다. 시신이 묻혀 있던 장소는 가족이 살고 있던 집에서 멀지 않은 곳이다.

아들이 체포되던 날 아내는 자택 2층의 아들 방에서 어깨를

푹 늘어뜨린 채 정자세로 앉아 있었다. 남편 다케오가 조용히 그 옆에 다가가 보니 부인 앞에는 칼이 놓여 있었다.

"여보 미안한데……. 도저히 살 수가 없어. 이 칼로 날 죽여 줘. 부탁이야."

부인은 고개를 숙인 채 발 앞에 있던 칼을 남편 앞으로 옮겨 놓았다. 다케오는 아내를 죽이고 자신도 죽으려 했다. 그런데 도무지 손에 힘이 들어가지 않았다. 칼을 쥐면 떨어지고 또다시 잡으면 떨어졌다. 사람을 죽일 수 없었다. 아들은 왜, 어떻게 사람을 죽일 수 있었을까? 부모로서 적어도 그 이유를 알 수 있을 때까지는 살아야 되지 않을까? 죽는 것은 그다음에 죽어도 된다. 다케오는 그런 생각이 들었다.

"우리 부부가 입을 닫고 있는 사이 언론은 저와 부인의 친척들에게 찾아갔습니다. 우리들이 먼저 도망친다면 책임은 다른 친척이 져야 합니다. 그러니까 죽지 않는 것이 책임을 지는 일이라 생각했습니다."

가해자가족의 인생 전부를 빼앗아 갈 정도로 집단적 언론의 과열취재는 파도처럼 한꺼번에 몰려왔다가 한꺼번에 빠져나간다.

• 아들이 사람을 죽였습니다

경범죄에도
열광하는

기자들

—

아이하라 마유미는 다섯 살 아들과 태어난 지 몇 달 안 된 딸을 키우는 전업주부이다. 남편은 자영업을 하고 있다. 어느 날 남편이 근처의 가전제품 가게에서 전자기기 한 대를 훔쳐 강도죄로 체포되었다는 연락을 받았다. 믿을 수도 없고 갑작스러운 일이었지만 경찰서로 연락해 담당 경찰관의 이름을 확인했다. 현재 남편은 경찰에 체포되어 있으며 곧 구속될 상황이었다.

전화를 끊자마자 설마 기자들이 오지는 않겠지 불안했다. 창문 커튼을 닫고 그 사이로 밖의 모습을 살펴보니 방송국 차량 같은 왜건 한 대가 보였다. 커다란 카메라를 든 남성과 정장을 입은 남성이 아파트로 다가오고 있었다. 마유미는 급히 텔레비전을 끄고 아이들을 목욕시켰다. 현관 벨소리가 울렸지만 숨죽인 채 집 안에 아무도 없는 체했다. 부재중이라고 생각한 것인지 취재진의 발소리는 멀어졌다. 밖을 확인해 보니 방송국 차량은 아직 자리에 있었다.

조심조심 현관문에 가까이 가 보니 멀리서부터 벨소리가 들려왔다. 아무래도 취재진이 근처 취재를 시작한 것 같았다. 멀리서 남편 이름이 들렸다. 집주인까지 이 사실을 알게 되었고 마유미는 자신의 가족의 일로 관계없는 사람들까지 피해를 입는 것 같아 밖으로 나가야겠다고 생각했지만 알 수 없는 공포가 차오르고 다리가 후들후들 떨려서 밖에 나갈 수가 없었다. 머뭇거리고 있는 사이 밖의 취재차량과 사람들은 사라졌다.

그날 저녁 마유미의 아파트 부근에 살고 있던 집주인이 상황을 확인하기 위해 집으로 찾아왔다. 마유미는 남편 사건으로 불편을 드린 것을 사과했지만 집주인은 하루빨리 이사하라고 말했다.

오후에 나타난 취재차량은 가해자의 가족을 만나지 못해 아파트 101호부터 순서대로 벨을 누르고 다녔다. 갑작스러운 취재에 놀란 세입자들이 집주인에게 불만을 터뜨린 것이다. 더욱이 집주인은 오후 뉴스에 자신의 아파트가 범인의 자택으로 방영되어 껄끄럽다고 했다. 세입자 중 일부는 이사를 가겠다고 했는데 소문이 안 좋아 또 다른 세입자를 구하지 못할 거라 걱정하고 있었다. 주변에 의지할 사람도 없는 마유미는 갑작스러운

•아들이 사람을 죽였습니다

이사 요청에 난감했다.

다음 날 밖에 나가 보니 문 앞에 '범인의 집은 이 집입니다.'라는 종이가 붙어 있었다. 우편함 박스에는 '젠장! 도둑놈' '여기서 나가시오.' '죽어 버려.'라고 쓴 편지가 들어 있었다. 마유미는 공포심에 이사를 결정했다. 어린아이들을 데리고 이사갈 집을 찾아보는 일은 너무 힘들었다. 조건이 나쁜 집이라도 지금의 환경보다는 안전할 거라고 위로하면서 부동산에 방문했지만 전업주부인 마유미가 집을 빌리는 것은 쉽지 않았다. 임대계약에는 보증인이 필요했는데 보증해 줄 사람도 없었다.

남편이 직장을 다시 다닐 수 있을지도 아직 확실하지 않았다. 부동산을 세 곳 정도 돌아다녔지만 바로 이사할 수 있는 곳은 찾지 못했다. 살 수 있는 곳을 못 찾을지도 모른다는 불안감이 몰려왔다. 지금 살고 있는 곳에서 쫓겨나게 된 마유미는 아이들을 데리고 동반자살을 할까도 생각했다. 이제부터 어떻게 살아가야 할지 알 수 없었다.

결국 죽지도 못하고 망연자실한 상태로 집에 돌아와 보니 남편의 변호사로부터 전화가 와 있었다. 마유미는 곧바로 전화를 했다. 남편이 가게에 피해변상을 해 주었기 때문에 곧 석방된다고 하였다.

마유미는 이 말을 듣는 순간 안심되어 눈물이 흘러내렸다. 자신의 가족을 지옥으로 떨어뜨려 버린 남편을 용서할 수 없었지만 결국 의지할 사람은 남편밖에 없었다. 그 후 마유미와 가족은 남편의 본가에서 조용히 생활하고 있다.

연일 발생하는 범죄 중에서도 언론의 과열취재에 노출된 사건은 주로 흉악범죄사건이나 유명인이 일으킨 범죄인 경우가 많으며 그 외 사건은 그때그때 보도되는 정도가 다르다. 그러나 이번 사건과 같이 유명인도 아닌 경미한 사건에까지 기자들이 쫓아와 이웃을 놀라게 하는 경우가 있다. **기자들의 취재경쟁이 한 가정을 망가뜨릴 수 있다는 경각심이 필요하다.**

• 아들이 사람을 죽였습니다

가해자가족을 노리는
사이비 종교와

무속인

—

"신앙심이 부족해서 일어난 사건이라는 말을 들었을 때 내 편이 생긴 것 같았습니다."

60대인 이노우에 아쿠코는 둘째 아들이 살인사건을 일으킨 후 어느 사이비 신흥종교에 들어갔다. 아쿠코는 '아들이 왜 범죄를 저지르게 되었을까?' 그 이유를 몰라서 괴로웠다. 비록 직장도 없이 집에서 돈을 훔치거나 마음대로 차를 팔기도 하는 아들이었지만 폭력적이지는 않았다. 그런 아들이 살인자가 되리라고는 상상도 못했다.

아쿠코는 아들 교육을 특별히 잘 시키지는 않았지만 적어도 남들 정도는 가르쳤다고 생각했다. 특별히 엄하게 가르치지는 않았지만 멋대로 하도록 가르치지도 않았다. 다른 자녀들은 아무 문제없이 성장했다. 자녀양육을 똑같이 했는데 왜 둘째 아들만 범죄자가 된 것일까? 혹시 이후 첫째 아들과 첫째 딸도 문제를 일으키는 날이 오는 것은 아닐까?

일상이 깨지고 불안감에 휩싸인 날들이 계속되었다. 아쿠코는 뭔가 확실히 하고 싶다는 마음에 신앙을 가지게 되었다. 그러나 잠시 사라졌던 불안이 고개를 들기 시작했다. 아들 면회는 어떻게 해야 하나? 피해자가족에게는 어떻게 해야 하나? 기도를 해도 응답을 얻을 수가 없었다. 아쿠코는 구체적인 조언이 필요했다. 그리고 점차로 신앙심이 약해졌다.

범죄사건 후 가해자가족에게 다가오는 사람들은 언론사 기자만이 아니다. 여러 사이비 종교 관계자들이 가해자가족을 방문한다.

실제로 권유를 거절했다는 가해자가족도 있었고 사이비 종교단체와 문제가 있던 가족도 적지 않았다. 종교기관뿐 아니라 점쟁이, 무속인들도 있었다. 점을 쳐 준다는 무속인에게 거액의 현금을 주었다는 가해자가족도 적지 않았다.

아마 가해자가족들은 의지할 곳이 아무도 없는 상황에서 지푸라기라도 잡고 싶은 심정이었을 것이다. 이처럼 마치 기다렸다는 듯이 몰려오는 이상한 사람들에게는 부디 주의가 필요하다.

피해자가족을
벌거숭이로 만든

경찰

———

　마흔 살인 세이코의 남편은 금전문제로 지인을 살해했다. 사건 당시 근무하고 있던 회사는 도산했고 매월 들어오던 급여는 살해한 피해자로부터 빼앗은 돈이었다. 세이코는 남편이 체포되기 전부터 경찰서에 불려가서 장기간에 걸친 사정청취[(事情聽取), 피해자 또는 참고인 등의 진술을 듣는 것을 의미한다. 우리나라에서는 조사 또는 참고인조사라고 하며, 사정청취라는 용어를 사용하지는 않는다. 우리나라도 가해자의 가족이 범죄 또는 정상과 관련하여 조사를 받는 경우가 있다.—임성택 변호사 감수, 이하 감수자 주]를 해야만 했다.

　남편이 범행을 부인하는 동안 세이코는 경찰로부터 심한 심문을 받았다. 경찰의 사정청취 질문을 보면 분명히 부인인 세이코를 공범으로 보고 있었다. 같이 살면서 범행을 어떻게 모를 수 있는지 의심된다며 심하게 추궁했다. 어째서 범행을 알아채지 못했을까? 세이코 자신도 괴로웠다. 지금 생각해 보면 확실히 급여가 늘었다. 남편과 오랜 기간 해외여행을 가기도 했고 차를 바꾸기도 하는 등 윤택한 시간이었다.

세이코는 갑자기 월급이 늘어나거나 남편이 해외여행을 제안한 것이 이상하기도 했지만 깊게 생각하지는 않았다. 오랜 병환으로 요양소에 계셨던 시어머니가 돌아가셔서 남편에게도 정신적인 여유가 필요하다는 생각만 했었다. 설마 남편이 범죄에 깊게 관여했을 것이라고는 꿈에도 생각해 보지 않았다.

세이코에 대한 사정청취는 한 달에 걸쳐 진행되었다. **매일 어디에 누구와 무엇을 하러 갔는지, 돈을 어디에 사용했는지 등 모든 사생활을 말해야 했고 남편과의 성생활에 대해서도 질문을 받았다.** 답변을 잘 못하면 고함을 치기도 했다. 밀실에서 연일 이어진 심문을 받으면서 세이코의 자존감은 완전히 무너졌다.

가해자가족이 경찰이나 검찰로부터 사정청취를 받으면 굴욕적인 생각이 들기도 한다. 체포된 사람에게는 자동적으로 변호인이 선임되지만 세이코와 같이 참고인의 입장에서는 변호사를 선임하여 도움을 받을 수도 없다[참고인 또는 가해자가족의 변호사 선임: 원고 마지막 부분에 나오기도 하지만 참고인 또는 가해자가족이 변호사를 선임할 수 없는 것은 아니다. 한국 및 일본에서 참고

• 아들이 사람을 죽였습니다

인도 변호사를 선임하여 조력을 받을 수 있다. 다만, 피의자, 피고인의 경우 변호사 선임이 반드시 요구되어 변호인이 없을 경우 국선변호인을 선임하여야 한다. 한국의 경우 성폭행 피해를 입은 아동청소년 피해자의 경우 유사한 제도를 두고 있기도 하다. 특히 피의자, 피고인 또는 피해자가 변호사를 선임할 경우 변호인 또는 대리인으로서 형사절차에서 규정된 역할을 할 수 있으나, 참고인의 변호사는 법률에서 공식적으로 그 역할 및 권한에 관한 규정을 두고 있지 않다(한국, 일본). 예를 들어, 피의자 또는 피해자(일정한 경우)의 변호인은 조사에 동석할 권리가 있으나, 참고인의 변호사는 조사에 동석할 권리가 법률에는 없다. 다만, 한국은 경찰 조사의 경우 훈령으로 참고인의 변호사도 입회할 수 있도록 규정하고 있다.—감수자 주. 많은 사람은 자신이 어떠한 입장에 있는지조차 알지 못한 채 경찰의 조사를 받을 수밖에 없다. 세이코는 이러한 상황을 남편의 변호사에게 상담했지만 참고가 될 만한 조언으로는 경찰의 질문에 친절하게 대답하라는 말 정도였다.

아군이
없는

가해자가족

"합의금 500만 원을 준비해 주세요."

"남편이 겨울옷을 넣어 달라고 합니다."

변호인은 이런 메일을 가족에게 보내기도 한다. "조사는 어떻게 진행되고 있는가? 왜 범죄에 가담했는가?" 등 가해자가족이 사건에 관해서 알고 싶은 것이 산더미처럼 많은데, 정작 이러한 질문의 답변은 받지 못하는 경우가 더 많다.

체포 직후 가해자는 외부와의 면회가 금지된다. 면회가 허가된 경우에도 건강에 대한 확인 등 대화 내용이 제한되어 있어 사건에 대한 자세한 내용은 이야기할 수 없다[가해자가족의 면회: 한국의「형사소송법」제91조는 "법원은 도망하거나 범죄의 증거를 인멸할 염려가 있다고 인정할 만한 상당한 이유가 있는 때에는 직

• 아들이 사람을 죽였습니다

권 또는 검사의 청구에 의하여 결정으로 구속된 피고인과 변호인 외의 타인과의 접견을 금할 수 있다."고 규정하고 있고, 수사절차에서 준용된다(일본 「형사소송법」 제81조도 같은 취지의 규정을 두고 있다). 체포된 초기에는 비변호인과의 접견(가족을 포함)이 제한되는 경우가 있다. 경찰이 이를 남용하여 한국의 경우 인권위에서 문제제기를 한 사례도 있다("구속피의자, 가족·친지 접견제한은 인권침해" 법률신문 뉴스 참조). 가족의 접견이 허용되더라도 피의자가 가족에게 사건에 관한 증거인멸을 부탁할 수가 있어 그 범위에서는 사건에 관한 이야기가 제한될 수 있다(접견에 경찰관 또는 교도관이 동석함). 그러나 증거인멸 등을 위한 경우가 아니라면 사건 이야기를 못하는 것은 아니다.-감수자 주].

가해자 본인으로부터 사건에 대해서 직접 이야기를 듣지 못하는 가족이 사건에 대한 정보를 알 수 있는 곳은 변호사뿐이다. 그러나 변호사는 어디까지나 의뢰인인 가해자의 이익을 목적으로 변호활동을 해야 할 책무가 있고, 가해자가족과 관련해서도 가족을 변호해야 하는 책임과 범위가 명확하지 않다.

가해자가 가족의 협력을 적극적으로 요청하는 경우에는 변호사와 가해자가족이 긴밀하게 의사소통을 하지만 가해자와 가족의 관계가 좋지 않을 경우에는 변호사는 가족과 일절 접촉을 하지 않기도 한다.

변호사는 가해자가족에게 가까운 존재이기도 하지만 그들을

지켜야 할 의무는 없다. 그래서 가해자 다음으로 관계가 어려운 존재이기도 하다. 그러나 가해자가족은 사건 당시 아무리 가해자와 관계를 끊은 상태라고 해도 가족이라는 이유로 언론기자들에게 쫓기기도 하고 사건과 관련된 일들에 대한 뒤치다꺼리를 해야 하는 경우도 있다. 반면, 가해자와 가족이라는 이유로 범죄사건 정보를 우선적으로 알지 못한 채 사건 밖에 놓이게 되기도 한다. 가해자가족이 사건의 진상을 재판이나 뉴스를 통해 알게 되는 경우가 적지 않다. 그리고 그것은 가해자가족은 알고 싶지 않은 잔혹한 진실이다.

강간죄로
체포된

남편

결혼 2년차인 오사와 나오미는 원만한 결혼생활을 보내고 있었다. 이제 아기를 가져 볼까 생각하고 있을 때 믿을 수 없는 사건이 발생했다. 남편이 강간죄로 체포된 것이다. 하지만 무죄가 틀림없다고 생각했다. 그러나 남편의 변호사는 남편이 모든 혐의를 인정했으며 아내를 만나고 싶어 하지 않는다고 말했다. 이제까지 남편은 특별히 이상한 점이 없었고 아주 평범한 생활을 하였기에 강간죄로 구속된 것이 믿기지 않았다.

나오미는 뭐라도 좋으니 사건에 대해 알고 싶다고 변호사에게 부탁했지만 의뢰인을 지켜 줘야 할 의무 때문에 사건을 상세하게 설명해 줄 수 없다고 했다.

나오미는 남편에게 직접 듣고 싶어서 경찰서에 갇혀 있는 남편 면회를 갔다. 면회실로 들어온 남편은 단지 고개를 숙이고 울고 있을 뿐 나오미의 질문은 서 있는 경찰관에 의해서 제지당했다.

피해자는 누구인지 궁금했다. 그러나 경찰의 말에 의하면 피해자에 관한 정보는 절대 가르쳐 줄 수 없다고 한다.

범죄사건이 지역신문에 보도되면서 나오미의 친척도 이 사건을 알게 되었다. 나오미의 친척들은 모두 한시라도 빨리 이혼하라고 했다. 그러나 나오미는 아직 무죄일 가능성을 버리지 못했다.

진술이 어느 정도 진행되고 있는지 상황도 알 수 없었고 답답한 상황 속에서 남편은 기소되고 구속되었다. 재판은 몇 개월 후 진행되었다.

재판을 방청하러 간 나오미는 받아들이기 힘든 사실을 알게 되었다. 남편은 결혼 전부터 피해여성에게 호의를 가지고 있었고 프러포즈까지 했지만 거절당했다. 그 후에도 단념하지 않고 매번 피해여성에게 밥을 먹자고 하거나 출근길에 기다리곤 했다. **남편이 피해여성에게 보낸 메일 내용이 증거로 채택되어 재판 중에 낭독되었다. 메일에는 '아내와 사이는 좋지만 성적 만족을 느끼지 못한다.'라고 써 있었다.**

남편의 배신을 알게 되었고 재판을 계속 방청하는 것이 괴로웠지만 나오미는 마지막까지 자리를 지키겠다고 결심했다. 재

• 아들이 사람을 죽였습니다

판이 계속되는 동안 나오미는 불길한 느낌이 들었다. 증거로 제시된 피해여성과 남편과의 대화를 보면 피해여성은 나오미가 알고 있는 여성인 것 같은 기분이 들었다. 만일 그렇다면 이 이상의 굴욕은 없을 것이다.

나오미의 예감은 적중했다. 나오미는 재판장에서 결혼 전까지 일하고 있던 회사의 후배를 보았다.

목숨을 건
법정
증언

___

가해자가족은 변호사로부터 재판 시 정상참작(情狀參酌)을 위한 증인으로 출석 요구를 받는 경우가 있다. [정상증인(情狀證人), 한국에서도 양형변론을 하므로 가해자의 형량을 덜어 주기 위해 가족이 공판기일에서 증언을 하는 경우가 있고, 수사기관에서도 그런 목적으로 가해자가족을 조사하는 경우가 있다.―감수자 주]은 형사재판에서 가해자의 형량을 덜어 주기 위해 유리한 증언을 할 사람이다. 가해자를 잘 아는 사람이어야 하며 가족인 경우가 가장 많다.

재판은 공개를 원칙으로 하기 때문에 이런저런 사람들이 방청을 하러 온다. **기자뿐 아니라 피해자와 가족, 피고인의 친구와 동료 등…. 법정에서 가해자가족은 마주치고 싶지 않은 사람을**

• 아들이 사람을 죽였습니다

종종 만나게 된다.

고등학교 교사인 이이다 사치코의 남편은 사기죄로 체포되었고 최근 기소되었다. 사치코는 결혼 후에도 직장에서는 결혼 전 성(姓)을 사용하고 있었기에 범행을 저지른 남편과 부부라는 것을 학교는 모르고 있었다.

사치코는 부부로서 할 수 있는 한 남편 재판에 협력하겠다고 다짐했지만 정상증인으로 출석하는 것만은 피하고 싶었다. 하지만 변호사는 남편의 집행유예 판결을 확실히 하기 위해서 법정에 출석해 달라고 요청해 왔다. 사치코는 남편의 수감만은 막아야겠다는 생각에 법정에 출석하기로 했다.

사치코는 증인이 되겠다고 말은 했지만 증인심문 당일까지 지옥과 같은 나날을 보냈다. 방청석에 분노로 가득 찬 피해자와 가족, 근무하고 있는 학교의 학생과 학부모가 앉아서 자신을 쳐다보고 있는 악몽을 매일 꾸었다.

증인을 서는 날은 여름방학 기간이었다. 그즈음 학생들 사이에는 재판 방청이 유행하고 있었고 법원이 학교로부터 멀지 않은 곳에 있어 학교 관계자가 방청하러 올 가능성도 있었다. 심지어 동료 교사들 중에 재판 방청이 취미인 사람도 있었다.

사치코는 걱정과 스트레스로 원형탈모증이 생겼다. 밥맛도 없어졌고 10kg 가까이 체중도 줄었다. 마음의 불안이 그치질 않았다. 집중력도 떨어져 자동차를 운전하는 일조차 힘이 드는 등 일상생활에 많은 문제가 발생했다.

중인심문 당일, 사치코는 평상시 입지 않는 정장바지를 입고, 머리는 한 가닥으로 묶었다. 안경을 쓰고 법정에 들어갈 때는 마스크를 착용하고 있었다.

보석 중인 남편과 함께 법정에 들어가는 순간 가슴이 터질 것 같았다. 문을 열고 방청석에 들어가서 아는 사람이 없다는 것을 확인한 후에야 사치코는 겨우 가슴을 쓸어내렸다.

사치코의 중인심문은 10분 정도 진행되었다. 검찰과 재판관은 그녀에게 동거인으로서 남편을 제대로 감독할 수 있는지 몇 번이나 확인했고 예정대로 무사히 증언을 마쳤다. 같은 날 2층 대법정에서는 사회적으로 많은 관심을 받고 있는 재판이 진행 중이었다. 많은 지인이 그곳으로 간 것이 아닐까 생각했다. 가해자가족으로서 법정에서 증언하는 것은 목숨을 거는 것과 다름없다.

수감사실을
알 수 없는

가해자가족

—

　가해자가 어느 교도소에 수감되어 있는지는 가해자가족도 정상적인 방법으로는 알 수 없다. 가족도 가해자 본인으로부터 편지를 기다리는 수밖에 없다. 도후쿠 지방에서 범죄를 저질렀던 오가와 요시코의 아들은 홋카이도의 교도소에 수감되었다.

　요시코 씨는 두 달에 한 번씩 편도 5시간씩 아들 면회를 간다. 연금으로 살아가고 있는 요시코는 아들의 면회 비용을 마련하기 위해 아르바이트를 한다. 아들의 구속은 이번이 두 번째이다. 싸움 끝에 상대가 사망한 사건으로 과실치사죄로 10년의 실형을 판결받았다. 교도소는 대부분 인적이 드문 곳에 있어 택시로 갈 수밖에 없다.

"○○ 교도소요."

요시코는 택시기사에게 갈 곳을 말하고는 그의 반응을 살폈
다. 교도소에 가는 사람은 그다지 많지 않다. 택시기사는 어떻
게 생각할까? 30분간 차 안에서 이야기를 나누는 것도 언제나
괴롭다.

처음 면회를 가던 날은 그해 홋카이도의 가장 추운 날로 기록
되었다. 추위와 긴장으로 요시코의 몸은 완전히 얼어 있었다.

"어머니, 건강 조심하세요."

미소를 띤 채 잔돈을 건네 준 택시기사의 말 한마디에 눈물이
흘러내렸다. 일본의 거의 모든 교도소는 면회가 평일로 한정되
어 있어 가족들은 일을 쉬고 면회를 온다. 멀리 수용되어 있는
경우 면회에 이틀 이상 소요된다. 대부분의 면회 시간은 30분.
가끔 교도소 사정으로 단축되는 경우도 있다[한국의 경우 「형의
집행 및 수용자의 처우에 관한 법률」 제21조(수용사실의 가족 통지)
에 따라 다음과 같이 가족에게 통지하여야 하나, 수용자가 원하지 아
니하면 하지 않는다. 소장은 신입자 또는 다른 교정시설로부터 이송
되어 온 사람이 있으면 그 사실을 수용자의 가족(배우자, 직계 존속·
비속 또는 형제자매를 말한다. 이하 같다)에게 지체 없이 통지하여
야 한다. 다만, 수용자가 통지를 원하지 아니하면 그러하지 아니하다.
-감수자 주].

당일 수용자가 교도소 내의 규칙 위반으로 징벌을 받게 되는

• 아들이 사람을 죽였습니다

경우는 면회를 할 수 없기도 하고 당일 교도소 측의 판단으로 면회가 제한되는 경우도 있다. 요시코의 아들은 칠순이 넘은 어머니가 매번 먼 거리를 마다하지 않고 면회를 오는 모습에 눈물을 흘렸다.

"아들을 원망하지 않아요. 무조건 믿고 기다리는 중이죠. 저는 그런 마음으로 면회를 가고 있어요. 그것이 적어도 부모로서의 책임이라고 생각합니다."

출소 후에도
계속되는

가족의 괴로움

———

타가카와 마리의 오빠는 5년 전 술집에서 싸움을 하였고 싸움 도중 실수로 상대를 죽였다. 상해치사죄로 4년 6개월 실형판결을 받고 복역했다. 오빠가 형기를 마치고 교도소에서 나온 날 어머니는 아들을 위해 맛있는 식사를 준비했다. 마리는 왠지 즐거워 보이는 어머니의 모습이 마음에 들지 않았다.

"엄마! 오빠는 교도소에서 출소한 거야. 유학하고 돌아온 게 아니라고!"

마리는 어머니에게 이렇게 말한 뒤 저녁 약속이 있다고 거짓말을 하고 집을 나섰다. 마리는 오빠의 출소를 축하할 생각이 없다. 오빠는 자신이 저지른 죄를 얼마만큼 이해하고 있을까? 마리는 오빠가 돌아온 것이 불안하다.

• 아들이 사람을 죽였습니다

오빠의 사건 때문에 결혼은 깨졌고, 그 후 사귀었던 남자친구들도 이 사실을 알고 모두 떠나갔다. 사건 당시 일하고 있던 직장도 오빠 때문에 퇴사하고 지금까지 프리랜서 일을 하고 있다. 만일 오빠의 범죄사실이 알려진다면 직장생활을 제대로 할 수 없다고 생각해 프리랜서를 선택한 것이다. 오빠가 범죄를 저지른 이후 마리는 언제 어디서나 불안했다.

근처에 살고 있는 엔도가 마리를 불렀다. 소문내기 좋아하는 아줌마였다. 엄마가 생각 없이 엔도에게 오빠 사건을 말했는데 그대로 주간지에 실리기도 했다.

"오빠 출소했다며?"

이 대화의 목적을 바로 알아차릴 수 있었다. 동네 사람들이 오빠의 출소를 궁금해하고 있었다.

다음 날 아침 마리는 엄마가 누군가와 대화를 나누고 있는 모습을 보았다. 기분 좋은 대화가 아닌 것은 분명했다. 무슨 일일까? 오빠가 출소한 다음 날 엄마가 내다 놓은 쓰레기 봉지 안에 술병이 있었다. 술병을 본 동네 주민이 화를 낸 것이다. 분명 출소 기념으로 한 잔 한 것이다.

오빠가 술에 취해 범죄를 저지른 것을 알고 있는 주민들은 출소하자마자 술을 마시다니 아직 정신을 못 차렸다고 화를 냈다. 마리는 어제 엄마에게 좀 더 확실히 주의시키지 못한 것이 후회되었다.

**가해자가족이 되고 난 후 마리는 세상의 부조리에 익숙해졌
다. 말도 안 되는 소리를 들어야 하고 사과할 필요가 없는 상황에
서도 머리를 숙여야만 했다.** 이런 가족들이 마음을 터놓을 만한
곳이 있어야만 한다.

자신의 범죄만으로도 버거운 오빠는 아직까지 가해자가족이
겪었던 사회적 비난과 어려움을 알 수 없다. 가해자가 형기를 끝
내고 사회에 돌아와도 가해자가족의 사건은 끝나지 않는다.

• 아들이 사람을 죽였습니다

세윤 이야기
1

가족이라는 잔인한 인연

"저는 그날을 잊지 못해요. 문을 부술 듯 두드리고 신발을 신은채 집으로 뛰어 들어온 경찰이 아들을 찾았고, 아들이 저지른 끔찍한 사건을 남편과 뉴스를 통해 확인했을 때 정말 하늘이 무너진다는 표현으로는 부족할 정도로 충격을 받았습니다."

아들 석규(가명)가 저지른 사건은 피해자뿐만 아니라 자신의 가족까지도 처참하게 만들었다. 석규에게는 아들이 있었고 잘 나가던 남편의 사업은 정리도 못한 채 새벽 야반도주를 해야 했다. 그 후 가족은 떠돌이로 살아갔다.

"근처에 개천이 있었는데 물이 불면 어린 손자를 안고 빠져 죽고 싶었어요."

의지하며 살았던 남편은 4년 전 화병으로 사망했다. 현재는 자신의 친정 어머니를 모시고 손자와 살고 있다. 하지만 그 손자는 자신을 엄마로 알고 있다.

"저를 엄마로 알고 있는 손자가 영원히 이 사건과 진짜 아빠인 석규를 모르기를 간절히 바라고 있습니다. 손자에게 가족이 생겨 혹여나 이 사실을 알고 죄책감이나 혼란을 겪게 될까 두려워요. 저는 손자가 결혼을 하지 않았으면 좋겠습니다."

현재 60대 후반의 미자 씨(가명)는 사건 당시 자신을 부양해야 하는 아들과 며느리가 이혼을 했으며 이로 인해 마음을 잡지 못한 아들이 사건을 저질렀다고 자책하고 있다. 현재 기초생활수급자로 생계를 이어 가고 있으며 손자를 잘 키우는 것 말고는 어떤 소망도 없다.

"저는 손자의 완벽한 친엄마가 되어야 하고, 손자의 미래를 위해 아들의 호적을 깨끗하게 정리해야 합니다. 이것이 저의 유일한 숙제입니다."

8년 만에 자신의 속내를 털어놓는다는 미자 씨는 이런 대화만으로도 속이 후련하다고 했다. 이 사례를 통해 가족의 범죄로 인해 겪었던 죄책감과 심리적 고통에 대한 가족의 단면을 볼 수 있다. 아무에게도 털어놓을 수 없던 이야기……. 이제는 우리가 함께해야 한다.

● ● ●

"나는 나의 부모가 체포될 때 안전하게 보호받고 정보를 제
공받을 권리가 있다. 나는 부모의 수용으로 인해 비난받고
심판받거나 낙인받지 않을 권리가 있다."

– 미국 샌프란시스코 수감자자녀 파트너십

수감자자녀 권리선언(2003)

제
2
장

가해자가족이
겪는
어려움

평범한 가정에서 태어나는 범죄자

―

　"살인사건의 범인은 동물을 죽이거나 학대한다고 했지요? 그런데 우리 아들은 반려동물을 아주 좋아했어요."

　"'죽여 버릴 거야'라고 말은 했지만 설마 정말 그럴 줄은 몰랐어요. 우리 아들은 공부도 잘했다구요."

　"우리 가족 중에는 폭력을 휘두르거나 큰소리를 내는 사람이 아무도 없었어요."

　필자가 속해 있는 단체 '월드오픈하트(World Open Heart)'에 의뢰된 상담 중 가장 많은 죄명은 살인이다. 1968년 네 명을 살해한 나카야마 노리오는 매우 가난한 가정에서 태어나 가족의 사랑을 받지 못하고 자랐다. 그 사람의 불행한 삶이 세상의 주목을 받았지만, 사실 최근 일어난 살인사건 중 극심한 가난이나

가족으로부터 사랑을 받지 못해 발생한 사건은 거의 없었다.

　우리 단체의 상담은 무료지만 거주이전이나 취업지원을 위해 내담자의 경제상황을 확인하기도 한다. 흉악범죄의 원인으로 가정 내 학대경험을 들고 있지만 실제 명백한 폭력에 노출되었던 사례는 그렇게 많지 않았다. **대부분 어디에서나 만나 볼 수 있는 평범한 가정이었다.**

　괴로움을 가지고 사는 가해자가족이 어떻게 우리 단체의 정보를 알게 되었는지 물어보았더니 약 40% 정도가 인터넷을 통해서였다고 했다. '가해자가족지원' '가족·체포' 등의 키워드 검색을 통해 우리 단체 홈페이지까지 오게 된 것이다. 텔레비전이나 신문기사, 책을 통해서는 약 30%이며 그 외는 대부분 변호사의 소개로 알게 된 경우이다. 상담 의뢰자들은 전반적으로는 사회문제에 민감하며 지적수준이 높은 경향을 보이고 있었다.

· 아들이 사람을 죽였습니다

진실을 가리는
가족이라는

굴레

—

'가족인데 왜 가족의 범죄를 몰랐을까? 범죄사실을 알고 있지 않았을까?' 등 사회에서는 가해자가족을 비난하지만 가해자가족 대부분은 가족의 범죄를 알아차리지 못한다.

가족의 범죄를 알게 되는 것은 경찰이 방문했을 때, 체포되었을 때, 사건이 언론에 알려졌을 때이다. 그제야 가해자의 옷차림이 화려해졌거나, 귀가 시간이 늦어졌다는 등 범죄사건의 전조를 뒤늦게 깨닫게 된다. 그러나 많은 가해자가족은 이런 가족의 변화를 범죄와 연결시키지 못한다. 그래서 가해자가족들은 체포된 후에야 알아차리지 못한 것에 대해 자책을 하게 된다.

성범죄자 중에는 결혼한 사람도 많이 있다. 기혼의 성범죄자들의 경우 부부관계가 파탄 난 경우가 많을 거라 생각하지만 성

적으로 아무 문제가 없는 성범죄자도 많다. 대부분 자녀의 비행
이나 배우자의 불륜 등 문제는 있을 수 있다고 생각하지만 그것
이 실제 범죄까지 연결되는 것은 쉽지 않다. **'가족'이라는 굴레
가 '진실'을 가리는 경우가 많이 있다.**

사건 후
평균
6천만 원

———

    사건 후 피해배상, 손해배상 등 사건 처리에 따른 비용, 이사 비용, 면회에 드는 교통비 등 가해자가족이 부담해야 하는 경제적 부담은 예상 외로 크다. 내담자 중 강력범죄를 일으킨 **가해 자가족을 대상으로 체포에서부터 재판 판결확정까지의 비용을 조사해 보니 평균 약 6천만 원 정도를 썼다.**

    자녀의 강제성추행 상해죄로 체포된 A 씨의 경우 세 명의 피해자에게 1천만 원씩 합의금을 지불했고 변호사비용으로 약 3천만 원을 썼다. 남편이 출장 중 강간상해죄로 체포된 B 씨의 경우 피해자에게 3천만 원을 지불하였으며 남편이 구속된 장소가 장거리여서 면회경비, 판결확정까지 약 5백만 원이 추가로 들었다. 사기사건의 한 사람으로 구속된 C 씨는 합의금으로

5천만 원, 변호사비용으로 1천만 원이 들었다. 미성년 자녀가 상해치사죄로 구속된 D 씨는 유족에게 1억 원을 지불했다.

A~D의 내담자들은 모두 경제적으로 넉넉한 편이 아니었다. 집을 팔거나 친척의 도움을 받았으며 돈을 빌리기도 했다. 자녀의 교육비와 노후자금은 한순간에 사라졌다. 또한 이렇게 비용이 발생하면 남겨진 다른 자녀들의 진로에도 커다란 영향을 미친다. 미성년 자녀가 있는 가정의 50%가 자녀들의 진로가 변경되었다고 말했다. 학비를 낼 수 없기도 하고 사립학교를 다니던 자녀들이 자퇴하거나 전학을 할 수밖에 없는 경우도 있었다.

피해배상과 손해배상 비용은 가해자 본인의 책임이기에 반드시 가족들이 부담해야 할 필요는 없다. 그러나 사회적 책임을 강하게 느끼는 가해자가족은 적극적으로 경제적 도움을 주고 있는 것으로 나타났다.

가해자가족이 사회로부터 가장 비난을 많이 받는 경우는 '어느 정도 잘 살고 있다'고 보일 때이다. 예를 들어, 가해자의 형제가 명문대 의대생이라고 알려지면 공격의 대상이 되기도 한다. 이런 경우 피해자에게 할 수 있는 만큼 손해배상을 하고 절제된 생활을 하는 경우가 많다.

가해자가족의
손해배상

책임

사건에 따라서 가족이 손해배상 책임을 지는 경우도 적지 않다. 언론에서 크게 다루어졌던 10대 소년 자전거사고의 경우 친권자가 고액의 손해배상 책임을 졌다.

고베 지방 재판부의 2013년 7월 4일 판결을 보면 자전거로 60대 여성을 정면으로 충돌하여 중상을 입힌 11세 소년의 친권자에게 약 9억 5천만 원의 손해배상 책임을 지라고 했다[가해자가족의 손해배상: 국내 사례에 비추어 보더라도 큰 돈은 아닌 듯하다. 가족은 원칙적으로 손해배상 책임이 없으나, 미성년 가해자의 경우 부모가 친권자로서 책임을 질 수 있다. ─감수자 주].

자전거는 보험가입이 의무가 아니기 때문에 임의보험으로 가입하지 않으면 가해자와 그 가족은 고액의 손해배상을 부담하게 된다. 이런 판결 후 간사이 지방에서는 자전거 구입 시 보험 가입을 의무로 하는 조례가 생기기도 했다.

우리 단체에는 자녀들이 일으킨 범죄사건으로 발생한 경제적 부담을 걱정하고 있는 가족들의 상담 문의가 많다. 친권자가 자녀의 비행을 방치했거나 자녀가 과거에 몇 번이나 비슷한 사고를 일으켰음에도 불구하고 가르침이나 해결 없이 친권자로서 감독의무를 게을리 했다고 판단되는 경우 친권자는 손해배상 책임을 지게 된다.

교통사고의 경우 어느 정도의 배상액과 변호사비용은 보험으로 가능하다. 그렇지만 미성년 자녀가 사람을 죽인 경우를 대비한 보험은 없다. 그럴 경우 돈이 없는 가족은 어떻게 대처해야 할까.

세 명의 중학생으로부터 집단폭행을 당해 피해자가 사망한 사건의 경우, 가해자 세 명과 그 친권자인 부모에게 약 8억 원의 손해배상액을 지불하라는 명령이 떨어졌다. 여름방학 중에 일어난 사건으로 재판부는 가해자가 야간에 나가서 음주와 흡연 등 비행을 할 때 친권자가 이를 방치했기 때문에 감독의무를 태만히 했다고 판단했다.

가해자 3인의 친권자 A, B, C 중에서 A는 유족에게 약 2억 원을 지불했다. B는 모자가정으로 지불이 불가능했으며, C 역시 모자가정으로 형제들도 있고 경제적으로 전혀 여유 없는 생활을 하고 있었다. 손해배상의 책임을 다해야 하지만 현실적으로 지불능력이 없었던 것이다.

피해자가 민사재판을 하는 것은 배상을 받으려는 목적보다는 형사재판으로 불충분한 진실을 명확히 하고 싶거나 가해자 측의 책임을 명확히 하려는 목적이 있다. 승소한다 해도 재산이 없는 상대로부터는 배상을 받을 수 없기도 하다.

C는 배상액에는 미치지 못하지만 수입 중에서 최선의 금액으로 약 10~20만 원을 매월 유족의 통장에 송금하고 매달 피해자의 묘지에 참배할 것을 유족과 약속했다.

지금까지 성실히 살아왔던 가해자가족 중 자신이 인간으로서의 책임을 다하지 못했다는 죄책감으로 일상생활이 불가능할 정도의 정신적 부담을 갖고 살아가게 되는 경우도 있다. 이럴 때 **사죄행위는 가해자가족의 죄책감을 경감하기도 한다.**

임신중절을
선택한

신부

—

도쿄 히비야 카페에서 필자는 가오리를 기다렸다. 도쿄 지역 재판에서 열린 공판의 휴게시간을 이용해서 상담을 할 예정이다. 스타일리시한 정장을 입고 품격 있는 화장을 한 얼굴에는 피곤함과 민감함은 보이지 않았지만 그녀가 안고 있는 문제는 훨씬 심각했다.

가오리는 수개월 전 결혼했고 한 달 전에 남편이 사기죄로 체포되었다. 남편은 체포되기 전부터 직장에서 문제를 일으켜 해고된 상태였다. 혼인신고 당시 남편은 직장을 알아보고 있는 중이었고 가오리는 결혼사실을 회사에 알리지 않은 상태였다. 가오리는 자녀를 갖기를 간절히 원했기에 임신할 때쯤 회사를 그만둘 생각이었다. 남편이 체포될 당시 신혼집을 찾지 못한 채 동거하고 있었기 때문에 가오리는 사건의 조사를 받지 않았고 사건으로부터의 법적 영향도 없었다.

　문제는 남편이 체포된 후에 임신을 알았다는 것이다. 가오리의 나이로 보았을 때 마지막 임신이 될지 몰랐기에 가오리는 괴로웠다. 이 사례와 같이 남편의 체포 후에 임신을 알게 된 경우가 적지 않다.

　경미한 죄로 곧 석방되는 사건을 제외하고는 대부분 임신중절을 선택한다. 경제적인 불안도 있겠지만 그것보다는 태어날 아이가 범죄자의 자녀로 차별받을 것이 두렵기 때문이다. **가오리의 남편은 몇 년을 교도소에 있어야 하는 상황이었기에 가오리는 임신중절을 선택했다.**

차별과
인과응보

사이

개인의 자질과 능력이 아닌 가해자가족이라는 사실만으로 배제되거나 무시되는 것이 차별이다. 인터넷이 보급된 현대사회에서는 가족의 범죄정보를 숨기기 어렵기 때문에 가해자가족은 예전보다 훨씬 더 사회적 차별을 당하기 쉬운 상황이다.

인과응보라고 말하는 경우도 있다. 내담자 중에는 지금은 아무렇지 않은 듯 지원을 요청하고 있지만 그의 언행으로 보았을 때 사건이 발생하기 전부터 주변 사람들에게 상당히 원한을 살 만한 행동을 했을 것처럼 보이는 사람들도 있다.

"돈 떨어지면 관계도 끊어진다는데 그놈은 일도 없는 주제에 돈 얘기만 한다니까요."

남편이 사기죄로 체포된 하루미는 사장 부인에서 하루아침에 가해자가족이 되었다. 그녀는 상담 태도도 좋지 않았다. 회사는 블랙기업(노동착취를 일삼는 기업을 뜻하는 신조어−편집자 주)임에도 부부는 윤택한 삶을 살고 있었고 하루미는 사장의 부인이라는 지위를 이용해 업무와 관계없는 일을 직원들에게 시키는 등 제멋대로 살았다.

사장이 체포되자 회사는 도산할 지경에 이르렀고 자택에는 언론기자들과 급여를 받지 못한 직원이 찾아와서 하루미를 압박했다. 하루미는 대책을 마련하기 위해서 그동안 알고 있었던 변호사와 노무사에게 울면서 사정했지만 직원 급여는 당연히 지급해 줘야 하는 것이므로 상담조차 거절했다. 친했던 직원 중에도 하루미를 동정하는 사람은 없었고 친구들도 착신 거부를 할 정도였다.

가해자가족은 범죄사실로 인해 이제까지 친하게 지내 왔던 사람에게 도움을 요청해도 거절당하는 경우가 있다. 반면, 사건 후에도 주변 사람들과 이전과 다름없는 관계를 가지고 살아가는 사람들도 있다.

사건 발각 후에 도움을 요청할 사람이 있는가 그렇지 않은가, 차별로 보이는가 인과응보라고 보이는가는 지금까지 어떻게 살아왔는가에 달려 있다. 나는 가해자가족을 만나고 상담하면서 일상생활에서의 행동이 얼마나 중요한지를 통감하게 되었다.

입을
다무는

가해자가족

—

가해자가족지원을 시작한 후 필자에게 가해자가족에 관한 취재의뢰가 끊이지 않는다. 언론뿐만 아니라 학계와 대학생들의 의뢰도 많다.

2010년 NHK의 〈클로즈업 현대〉를 통해 처음으로 가해자가족의 문제가 전면적으로 제기되면서 커다란 반향을 불러일으켰다. 당시 PD였던 스즈키 노부모토는 그 후 『가해자가족』이라는 책을 출판하였고 이후 범죄자가족의 호칭으로서 '가해자가족'이라는 단어가 사용되었다.

피해자와 그 가족은 실명이나 얼굴이 나오는 취재에 응하는 사례가 많이 있다. 그러나 가해자가족이 되면 사회적 비난이 무서워서 대부분 입을 다문다. 죄를 지은 가해자보다 그 가족들이

• 아들이 사람을 죽였습니다

프라이버시를 공개하는 것을 더 걱정한다. 가해자가족인 것이 알려져서 친척들이 어떠한 피해를 입을지 모르기 때문이다.

직접적인 피해를 경험해 온 가해자가족들은 언론에 대한 저항감이 매우 크고, 그들을 옹호하는 취지의 취재일지라도 앞장서서 말하려 하는 가해자가족은 거의 없다. 영상미디어는 종이매체보다 가해자가족의 취재 장벽이 훨씬 높다. 지난 8년 동안 영상으로 만들어진 것은 〈클로즈업 현대〉 뿐이었다.

이처럼 가해자가족이 제3자로서 본심을 말하게 하려면 신중한 접근이 불가결하며 제작에 걸리는 시간이나 비용 등 현실적 어려움이 많다.

NHK의 스즈키 노부모토는 당시 필자의 활동거점인 센다이까지 몇 번이나 찾아와 주었다. 언론에서 연락이오면 가해자가족을 섭외해 달라는 부탁이 대부분이지만 스즈키 노부모토는 독자적으로 취재를 하면서 경험이 많지 않은 우리 단체 스태프에게 새로운 정보도 많이 알려 주었다. 그러한 자세가 스태프나 내담자로부터 신뢰를 얻게 되었고 전례 없던 프로그램을 준비하게 된 것이다.

가해자가족의 실제가 미디어를 통해서 일반인들에게 알려지는 기회는 지금도 많지 않다. 그러나 영화와 소설, 책을 통해서 가해자가족이 조금이라도 더 이해되길 필자는 바라고 있다.

제
3
장

가족이
먼저
의심받는다

가장 먼저
의심받는

동거인

"전원 용의자!"

자택에서 딸의 시신이 발견된 가족은 모두 얼어붙었다. 아버지와 첫째, 둘째의 휴대전화는 경찰에 빼앗겼고 경찰서 동행을 요구받았다. 심문은 엄격했으며 거짓말탐지기 검사까지 받았다. 가족 중에서 가장 의심을 많이 받은 것은 둘째였다. 임의 사정청취는 아침 9시부터 저녁 9시까지 연일 계속되었다.

"너 거짓말하고 있지?"

사건 담당조사관은 둘째에게 큰소리로 화를 내면서 탁자를 내리쳤다. 거짓말탐지기 양성반응이 나왔다는 말을 들었을 때 둘째가 미치는 것은 아닐까 걱정되었다.

"저는 아무것도 하지 않았습니다."

"그럼, 누가 한 짓이지? 네가 아니면 아버지? 너랑 형이 같이 한 건가?"

"모릅니다."

"아니야. 네가 한 거야."

조사관은 둘째에게 몇십 번씩 큰소리로 몰아쳤다. 둘째는 아버지나 형이 체포될까 봐 걱정되어 자기가 했다고 말해야 하는 것은 아닌지 걱정하고 있었다. 그러나 그 후 체포된 사람은 딸의 남자친구였다.

딸과 사귀던 남자는 제대로 된 직장도 없이 딸의 수입으로 생활하고 있었다. 딸이 헤어지자는 말을 꺼냈고 남자가 폭력을 휘둘러 살인을 하게 된 것이다. 사건의 범인은 가족이 아니었지만 아무 상관도 없이 가족들은 몇 주간에 걸쳐 범인 취급을 받았다.

빌린 돈 때문에 두 사람을 살해한 남자의 아내는 두 달 동안 강력한 사정청취를 받았다. 경찰이 아내도 공범으로 보았기 때문이다. 남편이 사건에 대해 부인하자 그의 아내는 매일 5시간씩 경찰서에 구속되어 있었다. 그녀는 사건의 충격과 사정청취의 스트레스로 인해 우울증이 생겼다. 병원에 다닐 때도 경찰관이 동행하였으며 치료 후에도 바로 경찰서로 향했다. 아내가 사정청취를 거절하면 경찰은 아이들을 조사하겠다고 말했다. 그녀는 아이들이 범죄에 말려들게 될까 봐 장기간의 조사에도 참

• 아들이 사람을 죽였습니다

을 수밖에 없었다. 일반인은 경찰의 출두요청을 거절하지 못한다. 경찰서에 가서는 집으로 돌아가게 해 달라고 요청하는 것조차 쉽게 할 수 없다.

체포된 '피의자'에게는 변호사가 붙지만 이처럼 참고인에게는 변호사가 붙지 않는다. 전문가와 상담하려면 자신이 알아서 의뢰할 수도 있겠지만 이 단계에서 변호사에게 의뢰를 해야겠다고 생각하는 사람은 많지 않다. 결국 가해자가족은 경찰이 의도한 수사방향으로 끌려갈 수밖에 없다.

가정 내에서 일어난 살인사건의 경우 가족이 의심받는 것은 당연히 각오해야 한다. 이럴 경우 수사기관에 개인이 대응하는 것은 어렵기 때문에 가능한 한 빨리 변호사에게 의뢰하는 것이 좋다. 변호사에게 의뢰하여 괜한 의심을 받는 것은 아닐까 생각하는 사람도 있다. 그러나 스스로만 결백하다고 의심이 사라지는 것은 아니다. **가만히 두면 하얀 것도 검게 되어 버린다.**

자백을
강요당하는

가족

——

살면서 억울한 사건을 목격하거나 말려든 적이 있을 것이다. 구도 에리의 남편은 회사의 재무 담당이다. 지난 5년간 회사 자금을 횡령한 것이 발각되었다. 사건은 언론에 보도되었고 남편이 체포되기 전부터 집 주변에는 기자들이 득실거렸다. 집 출입이 이미 감시당하고 있는 상황이었고 초등학생인 딸은 정서가 불안해져서 밤이 되어도 편히 잠을 잘 수가 없었다. 필자는 에리로부터 모녀가 잠시 피해 있을 곳이 필요하다는 요청을 받았다. 가정폭력과 학대를 받는 경우 피해자를 보호하는 쉼터가 존재하지만 언론기자들에게 떠밀린 가해자가족을 보호하는 시설은 아직 없다. 우리 단체 스태프의 개인적인 네트워크를 동원해서 찾아보았지만 보호시설을 찾는 것은 쉽지 않았다.

다행히 협력자를 찾게 되어 에리와 딸을 이웃 도시의 주택으로 피난시켰다. 며칠 후 남편은 체포되었다. 다음 날 경찰로부터 에리에게 사정청취 요구가 왔다. 사정청취는 하루 정도면 끝날 것이라고 생각했는데 그렇지 않았다. 사정청취의 분위기는 날로 험악해졌고 에리는 불안을 느끼기 시작했다.

경찰은 형사 드라마에서 나오는 것처럼 에리의 정면, 옆면 얼굴 등 3면 사진을 찍었다. 필자도 뭔가 이상하게 돌아가고 있음을 직감했다. 에리가 피의자가 된 것이다.

"오늘부터 당신을 피의자 가족이 아닌 피의자로 조사하겠습니다."

사정청취 셋째 날 담당조사관은 에리에게 이렇게 말했다. 남편이 횡령을 지시한 것이 부인이라고 증언한 것이다. 그 당시 에리는 남편의 범행을 미리 알아채고 말리지 못한 자신을 탓하고 있었다.

"함께 살았는데, 남편의 범죄사실을 몰랐나요?"

"남편이 횡령한 돈을 어디에 사용했죠?"

계속되는 경찰의 질문에 자기 자신이 죄인이라는 생각이 들었다.

"자식 걱정은 안 되시나요? 빨리 자백해야 딸을 만날 수 있어요."

딸 이야기를 시작하자 무너졌고 인정하지 않을 수 없었다. 저항을 계속하는 것은 괴로웠다. 빨리 편안해지고 싶었다. 에리는 서서히 무너지고 있었다. 필자는 에리가 사는 지역의 변호사와 상의했다. 하지만 지역 변호사는 체포된 뒤에도 상담을 할 수 있으며, 재판에서 무죄를 증명하면 된다며 크게 문제 삼지 않았다. 너무 성의 없는 답변이었다.

다시 형사사건에 경험이 많은 변호사를 찾아갔다. 형사사건 전문 변호사는 에리에 대한 사정청취 내용만 보면 이미 경찰은 에리를 공범으로 보고 있으며 체포 가능성도 높다고 말했다. 에리가 자백한다면 나중에 주변에서 아무리 무죄라 한다 해도 뒤집기는 쉽지 않을 것이다. 주거를 제공했던 협력자와 딸을 보호해 주고 있었던 쉼터는 모녀가 사건과 관계가 없다는 전제하에서 협력을 해 준 것이다. 에리가 체포된다면 언론은 이 사실을 알고 밀고 들어올 가능성도 있기에 장소를 제공해 준 곳에도 큰 민폐를 끼치게 된다.

"에리가 조사대상이 된 이상 주소를 옮길 때 경찰에 연락하지 않았다면 선생님도 범인 은닉죄가 될 수 있습니다."

이런 충고까지 받으니 필자의 마음도 흔들렸다.

"저는 남편이 돈을 훔친 것을 몰랐어요. 하지만 세상은 제 말을 믿지 않아요. 그냥 인정해 버리는 것이 속 편할 것 같아요."

사정청취 5일째 되는 날 에리에게 만일 당신이 체포된다면 내가 딸을 돌봐 주겠다는 약속을 하고 그녀를 경찰서로 떠나보냈다. 에리가 체포되면 딸은 부모 모두를 잃게 된다. 나는 기도 하는 마음으로 에리가 돌아오기를 기다렸다.

에리는 체포되지 않았다. 자신이 체포되더라도 딸을 돌봐 줄 사람이 생겼다는 것만으로 사정청취를 안정적으로 할 수 있었다고 했다.

"임의동행이니 집에 가고 싶어요."

"변호사와 의논하지도 않았는데 사건을 인정하라고 하지 마세요."

이렇게 말하고 그녀는 경찰서를 나왔다. 이후 변호사의 도움으로 어떤 자백도 강요당하지 않았다.

에리의 남편은 회사 동료와 불륜관계였으며 상대 불륜 여성도 동일한 사정청취를 했다. 불륜 상대가 에리를 함정에 빠트린 것인가? 남편과 불륜 상대가 함께 모의한 것인가? 진실은 덤불 속에 싸여 있다.

[가해자가족의 출석: 원고도 같은 취지인데 임의로 출석을 요구하는 것이므로 당연히 출석을 거부할 수 있다. 그러나 당사자는 쉽게 거절하기 어려울 것이다. 막상 출석한 경우 언제든지 돌아갈 수 있으나, 현실적으로는 쉽지 않을 것이다. 결론적으로 강제수사는 영장 없이는 할 수 없고 이는 한국, 일본 모두 동일하다. −감수자 주]

직업을
잃어버리는

가해자가족

───

    연예인의 경우 가족이 일으킨 범죄로 인해 자숙하는 사례가 있다. 일반인의 경우는 어떠한가. 범죄의 내용과 가해자가족의 사회적 위치나 입장에 따라 가족이 직장 또는 사업을 포기하는 경우가 더러 있다.

    자녀가 흉악범죄를 일으킨 경우 교직 등 사회지도층에 있는 부모는 대부분 사임을 한다. 흉악범죄의 경우 가족의 직장에 취재가 오기도 하고 동료들까지 자녀의 범죄문제로 귀찮게 되며 기관 또는 기업의 이미지에도 해가 되기 때문이다. 자신이 근무하고 있는 직장에 민폐가 될 경우를 생각해서 상사에게만 자신의 사정을 말하는 사람도 있다. 작은 회사는 오히려 인재를 잃는 것이 더 큰 손해라고 생각해서 가해자가족을 배려해 주는 경

                                            • 아들이 사람을 죽였습니다

우도 있다.

하지만 경우에 따라 가족의 범죄에 인한 손해배상 등 경제적 부담 때문에 일을 해야 하는 가해자가족도 있다. 정년퇴직했거나 전업주부였던 사람도 파트타임으로 다시 근무하기도 한다. 자영업의 경우는 가족의 범죄로 인해서 손님이 줄거나 문을 닫아야 하는 경우도 있다.

우리 단체는 가족의 사건 때문에 일을 그만두려는 내담자들에게 바로 결정하지 말고 재취업을 생각하면서 사직과 전직을 할 수 있도록 조언하고 있다. 수입이 없어지면 손해배상 등 지불도 연체되고 보상도 할 수 없기 때문이다. **가해자가족의 생활을 지원해 주는 제도는 따로 없기 때문에 스스로 경제적 기반을 유지할 수 있는 수단을 가지고 있는 것이 좋다.**

범죄자의
가족이라는

단 하나의 이유

——

　범죄가 발생하면 세상은 가해자뿐 아니라 그 가족에게까지
책임을 묻고, 경우에 따라서는 그들 역시 사회적 제약을 받아야
한다고 여긴다. 이러한 비난은 대개 가해자가족의 구체적 책임
에 근거한 논리가 아니라 가족이 범죄자를 만들었다는 사실을
비난하는 것에 불과하다. **가해자가족에게 책임이 있는가? 가해
자가족은 범죄를 저지르지 않았다. 책임 소재는 가해자에게 있
다.** 따라서 가해자가족에게 책임을 물어서는 안 된다.

　보통 가해자가족이 겪는 책임은 법적 책임과 도의적 책임으
로 구별된다. 법적 책임은 형사책임과 민사책임으로 나뉜다. 일
본은 메이지시대까지 가족 안에서 범죄자가 나올 경우 가족이
연대책임을 지는 '연좌제'가 존재했다. 그러나 현대에 들어서는

　　　　　　　　　　　　• 아들이 사람을 죽였습니다

가족이 범죄에 가담하지 않았다면 범죄자의 가족이라는 것만으로 형사책임을 물을 수는 없다.

경우에 따라서는 가족의 위협으로 범행에 가담하거나 신고하지 말라는 요구 등으로 인해 간접적·소극적인 범행에 가담하는 사례도 있다. 범행 가담 여부와 상관없이 가정 내에서 범죄가 일어난 경우 동거인이 수사대상이 되는 경우는 이미 앞 장에서 소개했다. 가족이라 하더라도 생활 스타일은 서로 다르다. 동거만 할 뿐, 서로 밖에서 무슨 일을 하는지 잘 모를 뿐 아니라 대화나 식사조차 하지 않는 가족도 있다. 하지만 같이 살고 있다는 사실 하나만으로 가족의 범죄가 서로 연결되어 있는 것처럼 보인다. 가족이 범죄에 연관되어 있다는 사실을 알면서도 범인을 숨겨 주거나 도망하도록 돕는 경우 범인 도피죄로 추궁을 받는다.

가해자가족은 누구에게, 언제까지, 어떠한 책임을 져야 하는 것일까? 사례에 따라 다르겠지만 가족이 져야 하는 책임에 대해서 명확히 하는 것이 가해자가족지원의 중요 역할이기도 하다. 사죄에 대해서도 책임을 명확히 한 후에 하지 않으면 진실된 사죄라고 말할 수 없다.

하지만 범죄가 발생하면 가해자가족은 범죄자와 동일한 비난을 받는다. 이런 분위기를 무마하기 위해 형식적인 사죄도 있지만 필자는 이런 것들이 다 무의미하다고 생각한다.

세윤 이야기
2

한 소녀의 이야기

저는 고등학교를 다니고 있는 여학생입니다. 아빠는 절도로 수감 중이고 엄마는 가정폭력으로 분노조절장애와 수차례 자살시도를 할 만큼 심한 우울증에 시달리다가 이혼을 한 후 외할머니, 저와 함께 살고 있습니다.

아빠는 제가 어렸을 적부터 교도소를 들락거렸습니다. 절도, 사기 등 크고 작은 사건이 끊이지 않았죠. 제일 기억나는 사건은 같은 교회를 다니는 교인의 신용카드를 훔쳐 사용한 일입니다. 그때부터 저는 '수용자의 자식'으로 불리며 갖은 차별과 따돌림을 받게 됩니다. 교회라고 예외는 없었습니다. 친구 부모님들은 대부분 저와 놀지 말라고 하셨죠. 그렇게 하나둘씩 끊어지다 보니 거친 친구들만 제 주변에 남았어요. 그때부터 못된 짓만 하고 다녔습니다. 내 잘못도 아닌데 왜 내가 상처를 받는지 억울했어요. 부모가 죽어야 끝나나 별생각을 다 했죠. 환경을 탓하며 짜증과 분노, 반항심만 커졌어요. 그 후 전 어른들도 무서워하는 '비행청소년'이자 '학교 짱'이 되었습니다.

하지만 이모와 외할머니는 저를 포기하지 않으셨고 늘 절 위로해 주고 이해해 주셨어요. 삐뚤어질 때마다 잡아 주셨죠. 엄청난 사랑이었어요. 제가 외롭고 두렵다는 것을 알고 계셨어요.

• 아들이 사람을 죽였습니다

덕분에 방황을 끝낼 용기를 낼 수 있었죠. 나쁜 친구에게서 벗어나는 일이 이제까지 제가 겪은 일 중에 가장 힘든 일이었어요. 이모와 외할머니가 없었으면 아직도 벗어나지 못했을 겁니다.

어려서부터 무서운 경찰들, 빚쟁이 등이 아무 때나 집을 찾아와 어린 저에게 이상한 질문을 해 댔습니다. 아무 말 없이 분위기만 살피고 가는 어른들도 많았죠. 그때부터 낯선 사람이 무서웠어요. 저는 눈치를 봐야 했거든요. 이런 경험 때문인지 저에게는 다른 사람들에게 없는 '촉'이 있어요. 뭔가 심상치 않은 일이 벌어졌다는 것을 바로 알아채는 거죠. 좋게 말하면 능력이고 실제로는 '생존용 눈칫밥'이 생긴 거죠.

여전히 범죄자인 아버지가 밉고 싫지만, 저에게는 더 중요한 저만의 '작은 꿈'이 생겼거든요.

아마 저와 비슷한 경험을 하는 친구들에게도 저의 이모와 외할머니 같은 사람들이 주변에 있으면 좋겠어요. 그런 분들의 믿음이 가장 좋은 치료약이 되어 줄 겁니다.

제
4
장

언론은
가해자가족을
지옥으로 보낸다

언론이 결정하는
가해자가족의

운명

교통사고나 성추행 등의 조례 위반, 경범죄법 위반, 절도사건 등은 보도되는 경우와 그렇지 않은 경우가 있다. 경미한 죄라도 가해자 혹은 피해자가 공인이거나 저명인사, 공무원인 경우는 보도될 가능성이 크지만 그렇지 않은 경우 보도 유무의 기준은 애매하다.

제1장에 소개한 남편이 절도죄로 구속된 마유미도 사건이 보도되면서 집 밖으로 나갈 수 없었다. 아동성학대나 악의적 범죄, 규모가 있는 경제사건 등 사회적으로 관심을 받는 중범죄의 경우 범죄자의 실명이 보도되기도 한다. 경범죄의 경우는 지역 언론에 작게 보도되기도 하고 경우에 따라 피의자의 이름, 연령, 직업, 주소까지 노출되는 경우가 있어 가해자가족의 정보를

쉽게 확인할 수 있다. 요즘은 짧은 기사라고 해도 대부분 인터넷에 기록되어 검색이 가능하기 때문에 사건의 보도 여부는 가해자가족에게 매우 중요한 일이다.

체포될 때 피의자의 실명을 보도하는 이유는 경찰이 마음대로 국민을 체포한 것이 아니며 동일 범죄를 예방하고 국가권력의 감시기능을 보여 주는 것이다. 그렇다고 해도 모든 사건을 기사화하는 것은 웃기는 일이다. **명확한 기준도 없이 상황에 따라 달라지는 보도는 모두 가해자가족에게 상처가 될 수 있다.** 실명보도는 국가권력의 감시기능 중 하나이며 사회적 제재 수단일지라도 사회로부터 격리시키는 가해자보다 사회에서 생활하는 가족에게 더 큰 영향을 미친다는 사실을 잊지 말아야 한다.

영웅이
된
가해자

—

범죄보도가 반드시 가해자에게 불리하게만 작용하는 것은 아니다. 과열취재로 범죄자의 사진, 개인사 등이 대중에게 노출되면서 범죄자에게 호감을 느끼는 사례도 발생한다.

이런 경우를 프리즌 그루피(prison groupie)라고 하는데 일본에서는 '영국 여성 살해 사건의 이치하시 타즈야'나 '오움 사건의 히로시'의 팬이 되어 범죄자를 추종하는 경우를 예로 들 수 있다. 가해자와의 교제나 결혼까지 생각하는 사람들이 나타나기도 한다.

두 사람을 살해한 살인자의 부모는 아들의 언행에 몹시 당황했다. 가해자들은 기소된 후 조사가 없을 때 구치소 안에서 자유로운 시간을 보낸다. 정신적인 고통을 지속적으로 호소하기도 하지만 아무것도 하지 않으며 신문기자나 저명한 저널리스트에게 취재를 요청하여 자신의 이야기를 들려주는 것에 희열을 느끼는 사람들도 있다.

살인자의 부모는 아들이 전혀 반성을 하고 있지 않다는 언론 보도가 나올 때마다 혐오와 증오의 메시지를 받아 괴로움 속에서 생활하고 있었다. 흉악범죄자 중에는 사회적으로 인정받고 싶어 하는 욕구가 있는 경우가 있는데 언론의 관심을 통해 이 욕구가 충족되는 것이다.

〈와이드 쇼 독점〉 프로그램에서 아키하바라 무차별 살인사건의 범인인 카도를 '왜곡된 원한' 때문에 사건을 일으킨 주인공으로 멋지게 다룬 적이 있다. 그 후 그를 신봉하는 모방범죄가 끊이지 않았다. 카도 사건의 배경인 '고독과 열등감'은 현대를 살고 있는 많은 젊은이가 공감하는 감정이기도 하고, 순간적으로 이상해진 사람이 일으킨 범죄로만 볼 수 없는 측면도 있다. 하지만 아무 죄 없이 희생된 피해자와 그 가족 그리고 가해자가족 등 괴로움을 겪는 사람들은 여전히 존재한다. 아키하바라 무차별 살인사건이 발생한 지 6년 뒤 카도의 동생은 자살하였다. 그러나 동생의 자살사건은 이름 없는 주간지에 작게 보도되었을 뿐이다.

언론은 더 강력한 처벌을 해야 한다는 의견과 가해자의 인권을 말하는 사람들 양쪽의 의견을 모두 다룬다. **하지만 가해자가족의 괴로움에는 아무도 귀를 기울여 주지 않는다.**

• 아들이 사람을 죽였습니다

너무
빠른

가해자가족의 사과

 체포 보도와 함께 가해자가족이 코멘트를 원하는 경우가 있다. 연예인이 체포된 경우 조사 단계에서 해당 사건의 연예인 가족이 사회적 물의를 일으킨 것에 대해 사과를 하는 기자회견을 하곤 한다. 그러나 사실 체포 직후 바로 가족은 사건의 전말을 자세히 알지 못한다. 피의자가 혐의를 부인하고 있음에도 불구하고 가족이 언론을 통해 사죄하는 경우도 있다. **마이크 앞으로 떠밀린 가족은 반강제적으로 '사회에 대하여 사죄'를 하지만 가족의 사과가 범행사실을 부인하고 있는 피의자에게는 불이익이 되기도 한다.**

 체포 직후 범행을 인정하였다 하더라도 이후에 다시 범행사실을 부인하는 경우도 있어서 증거가 확보되지 않은 수사단계에서 가족의 사과나 의견 표명은 오히려 불리하게 작용한다. 따라서 사과의 내용은 범죄에 대해 가족으로서 책임을 지겠다는 말이 아니라 단순히 사회에 물의를 일으킨 점에 대한 형식적인 모습이어야 한다.

범행의 전체적인 내용을 알게 되는 시점은 대체로 사건이 기소된 이후이다. 판결이 확정되기까지는 범행 발생 시점으로부터 1년 이상 소요되는 경우도 있다. 그때가 되면 사회에서는 누구도 관심을 갖고 있지 않을 것이다.

• 아들이 사람을 죽였습니다

진실보다
재미있는

소문

에이코의 남편은 늦은 밤 귀가 도중 길에서 복부가 찔려 사망했다. 에이코와 불륜관계였던 스포츠센터의 트레이너 가와다와 실제 범죄에 가담한 음식점 직원 고바야시가 살인 용의자로 의심을 받았지만 이후 에이코도 불륜관계였던 가와다와 사전 모의 혐의로 체포되었다.

에이코의 남편은 12살 연상으로 에이코와 만나고 있을 때 유부남이었다. 그 후 이혼하고 에이코와 결혼했다. 이 사실로 사람들은 에이코가 연상의 남자에게 싫증을 느꼈기 때문에 젊은 남자와 불륜관계를 가졌고, 악녀가 되어 남편을 죽였다는 식으로 이야기는 퍼져나갔다. 딱 미디어가 관심을 가질 만한 스토리이다.

필자는 가와다의 가족으로부터 상담을 의뢰받아 이 사건에 관여하게 되었다. 사람들이 가장 나쁘다고 말하는 사람은 에이코였다. 가와다의 친척이나 형제들도 가와다는 에이코에게 이용당한 것이라고 생각하고 있었다.

하지만 이해하기 힘든 점은 실제 에이코의 남편을 살해한 고바야시의 존재였다. 고바야시는 에이코의 남편이 귀가하는 것을 기다렸다가 살해했다. 고바야시는 전과도 없으며 조직폭력배와도 아무런 관계가 없었다. 그런데 왜 고바야시는 에이코의 남편을 살해했을까? 가와다가 고바야시에게 살해를 의뢰한 것일까? 그는 왜 살인요청을 받아들였을까? 인터넷 댓글은 고바야시와 에이코를 불륜관계로 오해했지만 고바야시와 에이코는 그런 관계가 아니었다.

모든 의혹이 풀린 것은 실행범인 고바야시의 재판 때였다. 가와다와 고바야시는 10년 이상 된 사제관계였다. 가와다는 수영 코치로서 고바야시가 중학생 때부터 알고 지냈다. 가와다는 고바야시와 밥도 같이 먹고 적극적으로 돌봐 주면서 둘의 신뢰관계는 깊어졌다. 고바야시는 학교 성적도 뛰어나지 않았고 가족에 대한 열등감으로 가족관계도 좋지 않았다.

가와다는 고바야시의 가족을 험담하기도 했다. 고바야시는 가족과의 관계를 완전히 끊고 가와다에게 점점 의지하게 되었다. 가와다는 고바야시에게 자신이 일류대학을 졸업하고 연예인이나 정치인들을 많이 알고 있다고 거짓말을 했다. 고바야시

• 아들이 사람을 죽였습니다

에게 있어서 가와다는 어느새 종교와 같이 큰 존재가 되어 버렸다.

가와다는 고바야시에게 직업을 소개해 주고 월급의 대부분을 빼앗았다. 가와다는 자신이 일하고 있던 헬스장에서 에이코를 만났다. 의도적인 접근이었다. 가와다는 학벌과 저명인사들과의 관계 등 고바야시에게 했던 거짓말을 그대로 에이코에게도 했다. 에이코는 가와다에게 빠져들었고 남편에게 이혼을 요구했으나 남편은 받아들이지 않았다. 그래서 가와다는 고바야시를 이용해 에이코의 남편을 죽일 계획을 세웠다. 고바야시에게 죄를 덮어씌우면 자신의 범죄가 드러나지 않을 것이라고 생각했다.

고바야시를 돌봐 주고 있던 가와다는 고바야시 때문에 사업이 실패하고 부채까지 생겼으니 고바야시가 어떻게든 해결해야 한다고 압박했다. 어릴 때부터 가와다에게 세뇌된 고바야시는 의논할 사람도 없이 가와다가 시키는 대로 할 수밖에 없었다. 빌린 돈을 갚는 대신 에이코의 남편을 살해하라는 것이었다.

에이코 역시 가와다에게 완전히 속고 있었다. 에이코는 동안의 외모에 어른스러운 부분은 찾아보기 어려웠다. 사람을 좋아하고 남의 말에 잘 속는 성격으로 가와다가 하는 말을 완전히 믿고 있었다.

주범격인 가와다에게는 징역 25년, 실행범 고바야시에게는 징역 20년, 공범인 에이코에게는 징역 15년의 판결이 내려졌다.

한 심리학자는 이 사건을 이해하는 열쇠가 가와다의 마인드컨트롤에 있다는 것을 밝혀냈다. 당시 이 범죄사건은 사람들에게 주목을 끌었지만 재판이 시작되면서 언론의 관심은 줄어들었고 이제 이 사건을 기억하고 있는 사람은 거의 없다. **하지만 이 사건을 기억하는 사람들은 가와다의 마인드컨트롤보다는 에이코가 악녀였다는 사실만을 기억하고 있다.**

외롭고
고독한

범죄자

　범죄자의 심리는 일반인이 이해하기 어렵다. 도쿄 근처에 살던 60대 주부가 통화위조로 체포된 사건이 있었다. 범행사실에 놀란 가족은 당황스러워하며 상담을 요청했다. 위조화폐로 구입한 것은 모두 일상생활용품으로 피해액은 10만 원 정도였다. 조사 결과 이번 사건은 조직폭력단이나 사이비 종교단체와 아무런 상관이 없는 개인 범죄라는 것이 밝혀졌다.

　필자는 내담자의 집에 방문했다. 폭력이나 빈곤과는 무관한 아주 평범한 중산층 가정이었다. 부채가 있거나 급하게 돈이 필요하지도 않았다. 어머니와 면회를 한 큰아들은 왜 이런 범죄를 하게 되었는지 어머니조차 설명할 수 없는 상황이라고 했다.

　이 사건은 변호사도 곤란해했다. 변호사는 어머니의 정상감정(情狀鑑定)을 우리 단체에 의뢰했다. 정상감정은 피고인의 범행동기에 대한 면접과 심리테스트를 통해서 성격과 지능, 생활능력 등을 분석하는 것이며, 피고인의 정상참작을 목적으로 사용되기도 한다. 가해자가족을 지원할 때 정상감정은 먼저 가해자와 어느 정도 관계하면 좋을지를 알려 주는 중요한 지표이다.

임상심리사의 감정 결과를 통해 의외의 사실을 알 수 있었다. 사건이 발생하기 수년 전 피고인이 보살펴 드리고 있던 어머니가 시한부 암판정을 받았다. 피고인은 어머니의 죽음이 두려웠다. 남편도 지방근무로 떨어져 있었고 집 근처에 살고 있던 큰아들도 직장문제로 지방으로 이사하게 된 상황이었다.

그때까지는 어머니 간호와 손자 돌보는 일 등 바쁘게 살면서 항상 사람들에게 필요한 존재였지만 어머니가 입원하게 되면서 혼자 보내는 시간이 많아졌다. 그때 손자가 가지고 놀던 장난감 화폐를 처음으로 복사기에 인쇄했다. 생각했던 것 이상으로 진짜 화폐 같았고, 사용해 보면 어떨까 시험해 보고 싶은 생각이 들었다. 근처 가게에서 사용해 보았더니 가게점원은 전혀 눈치채지 못한 채 거스름돈을 주었다. 살아 있는 것 같은 스릴을 느꼈고 만 원 정도의 생활용품을 구매할 수 있었다. 범행 당시 통화위조가 얼마나 큰 범죄인지 알지 못했고 물건을 훔치는 것 정도로만 생각했다. 범행 후 자녀들이 변상을 해 주었고 실수라고 했다.

• 아들이 사람을 죽였습니다

이번 사건과 같은 범행의 동기는 일반적으로는 '이익을 얻기 위한 범죄, 이욕범(利慾犯)'로 처리되는 경우가 많다. 결국 경제적 이익을 얻을 것을 목적으로 한 범죄라고 볼 수 있다. 범행 비용이 적었다고 해도 경제적 이익을 얻었다는 사실은 변하지 않기 때문이다. 그러나 범행 당시 피고인은 경제적으로 힘든 생활을 하고 있지 않았으며 본 사건의 동기를 이익을 취할 범죄로 해석하는 것은 충분하지 않다.

피고인은 태어나서 처음으로 자녀양육, 부인의 역할, 모친의 간호까지 모든 역할이 없어지자 고독감에 휩싸인 채 주변에서 보면 유치하고 이상한 행동으로 고독감을 달랬다. 정상감정 결과 가족에게 남겨진 것은 이러한 일을 다시 반복하지 않도록 피고인을 외롭지 않게 하는 것이다. **만일, 피고인이 범행을 하지 않았다면 가족 누구도 그 고독감을 알지 못했을 것이다.** 가족은 피고인이 고독감으로 자살하기 전에 마음의 소리를 들을 수 있게 되어서 다행이라고 여겼다.

사회와 가정에 마음 둘 곳이 없어 어른이지만 도움을 요구하지 못한 채 벌어진 범죄이다. 고령자가 일으키는 범죄에는 이와 같은 원인이 많다. 이러한 사건을 자세히 분석하는 것은 고령자들의 범죄방지에도 도움이 된다. 그런데 이 사건에 대해 정상감정 부분은 빠지고 판결만 보도되었다. 그래서 피고인과 가족이 생활하는 지역에서는 이해할 수 없는 사건으로 전해지고 있다.

제
5
장

사건에 숨겨진 가족의 모습

유명인 가족의
고민과

자살

—

"가족을 죽이고 그 후 자살하지 못하면 교도소에 가겠지요."

준의 아버지는 텔레비전에서 자주 볼 수 있는 유명인이다.

준은 아버지가 유명인이 되면서 주변의 시선이 무서워 집에
틀어박혀 지냈다. 고등학교를 중퇴한 후 7년째 같은 생활을 하
고 있다. 자존감이 낮은 준에게는 유명인의 아들이라는 사실이
버겁기만 했다. 꿈도 경험도 자격증도 없이 나이만 먹는 것이
초조했다. SNS에서 친구를 만나 이야기를 나누고 블로그를 운
영하면서 인터넷 소설을 쓰고 싶다는 생각은 있었지만 실현시
키지 못한 채 시간만 흘렀다.

이런 자신의 무능력을 가족 탓으로 돌려 집 안에서는 폭력을
휘두르기도 했다. 하지만 인터넷에서 정보를 검색해 아버지의

사회적 평가를 확인할 때마다 준의 무력감은 점점 더 커져만 갔다. 준은 익명으로 인터넷에 아버지에 대한 욕을 남기기도 했다. 그러나 유치한 준의 댓글은 누리꾼의 비웃음만 샀다. 굴욕적인 경험이었다. 아버지에 대한 흠결을 담은 글을 신문사와 잡지사에 보낸 적도 있다. 실명을 쓸 용기가 없어 익명으로 보냈기 때문에 그 내용은 공개되지 않았다.

준은 집에서도 냉장고 안의 음료수에 세제를 넣거나 집에 온 우편물을 파기하는 등 괴기한 행동을 반복했다. 평범한 생활을 하는 가족에게 자신의 괴로움을 알게 하고 싶었기 때문이다.

정신적 고통으로 힘들어하던 준은 가족에게 해를 입히게 될 것 같아서 커다란 용기를 내어 우리 단체에 도움을 요청했지만 준의 어머니가 막아섰다. 어머니는 가족의 문제가 타인에게 공개되는 것을 극도로 두려워하였다. 그래서 모르는 사람과의 교류를 막았다.

"어머니는 종교를 믿어 보라고 하지만 저에게는 아무런 도움이 되지 않아요."

어머니와 준의 대립은 나날이 심각해졌다. 준은 아버지에 대해서는 강한 선망과 동시에 열등감을 가지고 있었고, 어머니에게는 경멸을 드러냈다. 심지어 더러운 욕도 서슴지 않았다. 필자는 준에게 계속 전화를 걸었지만 연결이 되지 않았다. 결국 준의 어머니가 전화를 받았다.

"준은 죽었습니다."

이런 말을 전하는 어머니에게서 어딘가 안심되는 느낌을 받았다.

가족에 의한
리벤지

포르노

—

준에게는 일류대학을 다니는 아나운서 지망생 여동생이 있다. 아버지와의 관계로 힘들어하는 준과는 대조적으로 아버지의 유명세를 적극적으로 이용하는 여동생이 준은 부럽기만 했다. 준은 여동생의 나체사진을 몰래 찍어 여동생이 유명하게 되면 사진을 공개하겠다고 동생을 협박했다. 교제하던 애인에게 복수하려고 나체사진이나 성행위 영상을 공개하는 리벤지 포르노가 사회문제가 되기도 하는데 그 대상이 가족이 되는 경우도 있다.

"그 남자와 헤어지지 않으면 이 사진을 인터넷에 공개할 거야."

남편이 내민 한 장의 사진은 하의를 입지 않은 자신의 모습이었다. 요코의 남편이 집 목욕탕에서 몰래 찍은 사진이다. 남편

• 아들이 사람을 죽였습니다

이 이러한 범행을 한 이유는 요코의 불륜 때문이다. 요코와 남편은 같은 회사 동료로 사귀게 되었다. 입사 초기 학력이 높은 남편은 출세를 위해 일에 몰두했지만 인정을 받은 것은 아내 요코였다. 요코는 활동적인 커리어우먼으로 잡지에 인터뷰가 실리면서 사내에서도 인기 있는 존재가 되었다.

요코는 1년 전부터 부하 직원인 연하의 남성 사원과 친해졌고 비밀리에 사귀게 되었다. 부부는 서로 만날 시간도 없고 대화할 틈도 없었다. 하지만 남편은 휴대전화와 인터넷 메일을 통해 아내를 감시하고 있었다. 요코는 남편이 설마 그러한 행동을 할 줄은 꿈에도 생각하지 못했다. 온몸이 굳을 정도로 공포감을 느낀 요코는 남편을 진정시키려고 우선 남자와 헤어질 것을 약속했다.

만일 남편이 체포되면 부하와의 불륜 역시 세상에 알려지게 될 거라는 생각에 남편을 경찰에 신고하지는 않았다. 요코의 남편은 불륜 상대에게 성관계를 하는 부부의 사진을 보냈다. 요코는 그 후 불륜 상대이자 부하 직원의 얼굴을 제대로 볼 수조차 없었다. 불륜 상대와는 헤어졌지만 부부관계를 다시 되돌릴 수는 없었다.

요코는 집에서도 이전처럼 화장실과 목욕탕을 안심하고 사용할 수 없었다. 남편도 불륜 상대도 같은 직장을 다니고 있었기 때문에 회사에 가는 것조차 괴로웠다. 누구도 믿을 수 없었고,

일도 제대로 할 수 없었다.

퇴직과 동시에 남편에게 이혼을 요구했고 남편은 깔끔하게 이혼을 받아들였다. 이후에 남편은 회사에서 인정도 받고 승진도 하였다. 요코는 믿었던 남편에게 비열한 일을 당했기에 그 후 마음에 드는 남성을 만나도 친밀한 관계로까지 발전할 수 없게 되었다.

부잣집
딸의

도둑질

—

"월세는 집에서 내주고 있고 필요한 것이 있으면 쓰라고 카드도 줬어요. 월급도 따로 받고 있는데 설마 도둑질이라니요?"

유미코의 딸 쿠미는 백화점에서 화장품을 훔쳐 절도죄로 구속되었다. 쿠미가 성인이 되던 해였다. 아무런 문제없이 자라던 딸의 갑작스러운 체포에 가족 모두는 큰 충격을 받았다.

혼자 독립을 한 것이 스트레스였던 걸까, 엄마 유미코는 딸의 범행동기가 무엇인지 궁금해했다. 피해금액도 크지 않았고 초범이었으며 스스로 잘못도 깨닫고 있어서 가족이 감독해 주는 선에서 사건은 불기소 처분되었다. 회사도 그만두지 않았고 다시 사회로 복귀할 수 있었다. 그러나 몇 개월 후 쿠미는 비슷한 절도죄로 다시 체포되었다. 편의점이나 약국, 백화점 등 여러 곳에서 물건을 훔쳤다. 처음 사건은 언론에 보도되지 않았지만 이번은 그냥 넘어가지 않았다. 언론에 보도가 되었고 직장생활을 계속하기 어렵게 되었다.

쿠미의 아버지 가즈오도 딸의 범죄에 걱정이 많았다. 가즈오는 중소기업을 운영하는 사장이다. 아내인 유미코는 결혼 전에 클럽에서 일하고 있었는데 연예인이 되는 꿈을 가지고 있었다. 노래와 춤, 연기 등 여러 곳에 오디션을 보았지만 모두 낙방하고 가즈오와 결혼하여 주부로서의 삶을 선택했다.

유미코는 연예인이 되고 싶었던 자신의 꿈을 딸 쿠미를 통해 이루려 했다. 유미코는 쿠미가 어릴 때부터 발레, 노래 교실을 다니게 했고 수차례 아역배우 오디션에 참가시켰으나 모두 떨어졌다. 쿠미는 그다지 예쁜 얼굴이 아니다.

유미코는 쿠미가 초등학교 고학년이 되었을 때 연예인이 되는 것이 힘들다고 판단했다. 그래서 이번에는 영어 회화와 스포츠를 배우도록 했다. 학원에도 다니고 명문 사립 중학교 시험을 치게 했다. 결국 중학교에는 합격했지만 공부와 운동 모두 재능에는 꽃을 피우지 못했다. 우연히 쿠미가 중학생 때 유미코는 주부잡지에 독자 모델이 된 적이 있다. 이를 계기로 엄마 유미코는 다시 한번 연예인의 세계를 목표로 삼게 되었다. 어느덧 유미코는 딸이 연예계에 진출할 수 없음을 깨닫고 이제까지 다녔던 학원을 그만두게 하고 그 비용으로 자신을 꾸미기

• 아들이 사람을 죽였습니다

시작했다. 유미코는 자신의 블로그에 미용, 요리에 대한 글을 자주 올렸다.

어떻게 해서라도 사람들에게 관심을 받고 싶은 일념으로 여러 가지에 도전했다. 블로그에는 매회 행복해 보이는 가정생활을 올렸다. 최근 언론이 가해자가족에 대해 관심을 갖는 것에 착안하여 가해자가족으로서 자신의 체험을 공개해 주목을 끌기도 했다.

남편은 유미코의 지나친 행동에 대해서 지금까지는 모르는 척했지만 딸의 범행까지 블로그에 올려 타인의 관심을 받는 행위는 그만두게 해야겠다고 결심했고 이를 위해서는 이혼까지 염두에 두고 있다.

"너를 위한 거야!"라는 이름의

학대

"넌 못생겼어."

"너는 못생겼는데 뚱뚱하기까지 하면 끝나는 거야."

쿠미는 유미코로부터 자주 이런 욕을 먹었다. 유미코는 항상 다이어트를 했고 쿠미에게도 먹는 것을 제한했다. 유미코는 쿠미가 살이 찔까 봐 간식도 주지 않았다. 쿠미는 유미코의 다이어트 식단에 맞춰 저녁밥으로 죽에 우메보시(매실장아찌)를 일주일간 먹은 적도 있다.

쿠미는 집에서는 거의 음식을 먹지 못했기 때문에 밖에서 늘 과식을 했다. 친구 집에 놀러 가면 먹을 것을 몰래 훔치기도 했다. 작은 가게에서 몇 번이나 과자를 훔친 적이 있지만 걸린 적은 한 번도 없다. 살이 찌면 어머니에게 야단맞기 때문에 먹은 후에는 반드시 토해 냈다.

성인이 된 후 도둑질을 시작한 것은 아니다. 친구 집이나 작은 가게 등 잡히지 않는 장소에서 반복적으로 도둑질을 했는데 이번에 장소가 백화점이나 편의점으로 바뀌면서 걸린 것이다. 유미코가 쿠미에게 한 것은 명백한 학대이다. 유미코가 쿠미를 학대한 원인으로 매우 가난했던 유소년기의 경험을 들 수 있다. 유미코는 아버지 없는 모자가정에서 자랐다. 유미코는 빈곤지역에서 살았고 그 동네에 산다는 이유로 학교에서는 왕따를 당했다. 유미코가 고등학생 때 어머니까지 돌아가시면서 10대 후반부터 혼자서 인생을 책임져야 했다. 사람들이 부러워하는 존재가 되고 싶었다. 그래서 연예인이 되려고 했다. 일하던 클럽에서 경제적 능력이 있는 지금의 남편을 만났고 유미코의 바람대로 여유 있는 생활을 할 수 있었다.

유미코는 어린 시절 가정교육을 제대로 받은 적이 없었다. **만약 자신에게 딸이 있다면 나보다 행복하게 만들어 주고 싶었고 뛰어난 재능을 찾아 주고 싶었다. 딸이 아니라 자신을 위해 딸의 인생을 몰아간 것이다.** 남편으로부터 이혼하자는 말을 듣고 나서야 자신의 우매함과 가족의 소중함을 알게 되었다고 했다. 쿠미는 집행유예 판결을 받고 상담실에 다니면서 사회복귀를 준비하고 있다. 유미코 역시 상담을 계속하면서 자신의 문제와 직면했다.

아들을
감시하는

어머니

"자식을 성범죄자로 만들고 싶지 않아요. 그것을 위해서라면 돈은 얼마가 들어도 상관없습니다."

스즈키의 자녀는 진학, 취업도 하지 않은 니트족이다. 대학시험을 세 번이나 실패하고 지금은 집에 틀어박혀 지낸다. 아버지는 대학교수로 자녀에게는 무관심하다. 남편이 자녀에게 좀 더 관심을 갖기를 원했지만 생활에 여유가 없었다. 지금도 남편은 돈 버는 것이 가장 우선이라고 생각한다.

오랫동안 근무했던 직장을 퇴직한 이유는 아들의 범죄 때문이다. 아들이 집 근처에 살고 있던 초등학생을 성추행했다. 경찰에 알리는 것을 막아 보려고 꽤 큰 금액의 합의를 제안했다. 남편과는 상의하지 않은 채 혼자 진행했다. 그때 사건을 수임했던 변호사는 아들의 범죄 이유를 '원하는 것을 사지 못한 스트레스'라고 말했다. 똑같은 범죄를 저지를까 봐 신용카드를 만들어 주었다. 신용카드를 통해 아들이 어디다 돈을 쓰는지도 확인할 수 있었다.

이때부터 아들에 대한 감시가 시작되었다. 아들은 밤낮이 바뀐 생활을 하고 있었다. 자신이 자고 있는 시간에 성범죄를 벌일 수 있기 때문에 어머니는 직장을 그만두고 가능한 한 아들의 생활 패턴에 맞춰 생활했다. 아들이 외출하면 바로 따라 나갔다.

어느 여름날 담배를 사러 간다고 나간 아들의 뒤를 밟았다. 아들은 평상시 다니지 않는 길로 들어갔다. 소란스러운 어린이들의 소리가 들렸다. 여름방학을 맞이하여 초등학교 수영장을 개장한 것 같았다. 머리가 젖어 있는 몇 명의 아이들이 수영장에서 나와 지나가고 있었다. 여자아이들 몇 명과 엇갈린 순간 가슴이 두근두근했다. 아들이 이 아이들에게 나쁜 짓을 하려고 여기에 온 것은 아니겠지? 이런 생각이 든 순간 달려가 아들의 손을 붙잡았다.

"안 돼."

정신이 나간 사람처럼 소리치는 어머니의 모습에 아들은 놀랐다. 자신의 뒤를 밟고 있었다는 것을 알아차리고 아들은 화가 나서 어머니를 밀쳐 버렸다. 학교 근처 거리에서 싸우는 소리에 주변 사람들이 몰려들었고 경찰차까지 오는 소동이 벌어졌다.

아들은 도서관에 가는 중이라고 말했지만 아들을 믿을 수 없었다. 가슴을 치며 아들의 미행을 사립탐정에 의뢰했다. 집에서는 어머니가, 밖에서는 사립탐정이 아들을 감시했다. 신용카드로 생활을 확인할 수 있었지만 누구와 연락을 하고 지내며 인터넷에서는 무엇을 보고 있는지는 알 수가 없었다.

탐정으로부터 근처의 패스트푸드에서 미성년으로 보이는 여성과 차를 마시고 있다는 연락을 받았다. 만남 사이트에서 만났을 가능성이 크며 성행위를 포함한 만남일 경우 조례 위반으로 체포될지도 모른다고 조언해 주었다.

스즈키는 아들 방 안의 쓰레기를 하나하나 다 뒤졌고 정액이 묻어 있는 휴지를 발견했다. 아들이 자위를 한 것을 알고 밖에서는 성행위를 하지 않을 것 같아 안심이 되었다. 가족 이외의 사람과는 고민을 나눌 기회가 없었던 스즈키는 자신의 행동이 다른 사람과 다르다는 것을 전혀 모르고 있다.

• 아들이 사람을 죽였습니다

집안
전쟁의
끝

—

사립탐정 비용이 부담이 되었다. 스즈키는 아들의 범행을 막을 수 있는 방법을 찾던 중 우리 단체로 연락을 했다. 필자는 사연을 듣고 가정방문의 필요성을 느꼈다. 현관으로 들어선 순간 바로 아들의 상태를 확인할 수 있었다. 부자연스러운 장소에 걸려 있는 액자 뒤 벽에는 구멍이 뚫려 있었다. 역시 가정 내 폭력이었다. 어머니의 몸에도 상처가 보였다.

필자는 범죄가 일어난 곳이 가정일 때 가장 두려움을 느낀다. 아들의 방으로 올라가려고 할 때 커다란 물건이 옆으로 날아왔다. 기타였다. 갑작스러운 공격에 당황스러웠지만 계단을 올라 아들의 방문을 노크했다.

"뭐야, 또 종교단체 사람이야?"

키도 크고 잘생긴 청년이 방문을 열었다. 아마 스즈키는 아들을 위해 여러 종교단체나 은둔형 외톨이 지원단체를 집으로 초대한 적이 있는 것 같다. 최근에는 방을 억지로 열고 강제로 잡아 끌어내려는 사람도 있었기에 아들은 가족 이외의 사람이 가까이 오는 것에 불쾌감을 느끼고 있었다. 자신을 집에서 끌어내려는 것이 아닌가 하는 불안 때문에 공격적으로 돌변했다.

아들이 집에 틀어박히게 된 것은 스즈키가 그에게 준 압박감 때문이다. 대학시험에 실패할 때마다 스즈키는 더 큰 기대를 했다.

"내년에 더 좋은 대학을 가면 돼."

"2년 늦으면 어때. 명문대라면 괜찮아."

"3년도 괜찮아. 국립대를 목표로 하자."

결국에는 대학에 갈 수 없었다. 하지만 엄마는 대학 대신 취업을 선택한 친구들을 무시했다. 이유는 수준이 맞지 않기 때문이란다. 엄마 때문에 친구들과의 관계도 멀어졌다.

초등학생에게 성희롱 범죄를 저질렀을 때는 네 번째 대학시험에 떨어졌던 시기였다. 대학에 반드시 가고 싶었던 것은 아니었지만 다른 선택지가 없었다. 자신 스스로 살 가치가 없다고 느껴 자살까지 생각하며 자포자기하고 있었다. 그러나 범죄사건으로 인해서 아들과 어머니와의 관계는 역전되었다. 범죄사건으로 그동안 엄격했던 어머니의 태도가 180도 변했다. 언제나 고압적이었던 어머니가 아들의 눈치를 보게 된 것이다. 아들은 자기 마음에 맞지 않으면 "다음은 이케부쿠로 사건이다!"라며 아키하바라 무차별 살인사건을 연상시키는 말로 협박했다. 아들의 범죄를 예방하기 위해서 스즈키는 아들이 시키는 대로 할 수밖에 없었다.

아들의 문제로 지불한 합의금과 변호사비용, 탐정비용으로 가정형편이 어려워지기 시작했다. 이대로라면 파산할지도 모른다. 아직 남편은 전혀 눈치를 못 채고 있다.

필자는 아버지를 만나 이야기해야겠다고 생각했다. 지금까지 모든 상황을 들은 아버지의 반응은 예상과 다르게 이성적이었다. 아직 어린 아들을 위해 시간을 내 보겠다고 했다. 하지만 아들은 하고 싶은 일도 없고 직장도 없고 왜곡된 성지식을 바탕으로 가정 내 폭력을 일삼고 있다. 계속 고립된 채 이렇게 살아간다면 범죄나 자살의 위험성이 크다.

필자는 가족과 상담하면서 아버지가 장기 해외출장 시 아들과 동행할 것을 제안했고 이 제안에 아들은 매우 기뻐했다. 아들은 유학을 성공적으로 끝내고 귀국 후 능숙한 영어를 기반으로 외국인이 많이 이용하는 바(Bar)에서 아르바이트를 시작했다. 그곳에서 만난 여성과 결혼도 했다.

자녀의 문제를 부부가 함께 공유하게 됨으로써 어머니의 과도한 간섭은 줄어들었다. 상담으로 스즈키 어머니를 변화시키는 데 3년이 걸렸다.

엄한
가정교육의

피해자

이자와 타츠히코의 열 살 아래 동생은 보이스피싱 사기집단의 일원으로 체포되었다. 체포 기사가 신문에 실리자 식구들은 큰 충격에 빠졌다.

가족들은 필자에게 상담을 하러 왔지만 이런 단체에서 상담이나 하는 그런 가족이 아니라며 처음부터 자존심을 내세웠다. 상담 의뢰는 가족이 아닌 담당 변호사로부터 받았다. 타츠히코는 변호사 친구들이 많아 여러 루트를 통해 사건 정보를 취합하고 있었다. 담당 변호사를 무시하며 조언을 귀담아 듣지 않았다.

재판에서 동생의 정상증인(情狀證人)으로 타츠히코가 나섰다. 동생은 범죄에 휘말렸을 뿐이라는 주장을 하며 마치 범죄

전문가처럼 사건을 분석하여 재판관들을 놀라게 했다. 타츠히코의 주장은 방청객들 중 일부에게 강한 거부감을 주었다. 우리 단체에 저런 가족을 지원하지 말라는 항의 전화가 걸려올 정도였다. 동생에게는 결국 1년 6개월의 실형판결이 내려졌다.

부모는 공부에 대한 집착이 강했다. 무리를 해 가며 큰아들 타츠히코를 명문대에 입학시킬 수 있었다. 동생이 다니는 대학은 집에서 멀지 않았다. 동생은 스스로 월세와 생활비를 마련하겠다며 독립을 했다. 음식점에서 아르바이트를 했지만 힘들어서 그만두었다. 다른 아르바이트를 찾을 생각으로 운전면허를 취득하고 자동차를 구입하는 등 지출을 늘려 갔다. 곧 수입보다 지출이 많아졌다. 얼마 지나지 않아 불법 대출까지 손을 댔다. 어느새 빌린 돈의 이자는 점점 불어 갔고 그즈음 이번 사건의 주범격인 남자를 만나 안전하게 1천만 원을 벌 수 있다는 말에 속아 범행에 가담하게 되었다.

"왜 가족에게 도움을 구하지 않았나요?"

"가족에게 걱정 끼치고 싶지 않았습니다."

필자의 질문에 타츠히코의 동생은 이렇게 대답했다. 부모님이 화낼 것이 무서웠던 것이다. 타츠히코의 동생은 어려서부터 다른 사람에게 폐를 끼치지 말라는 교육을 엄하게 받았다. 학교에서 물건을 잃어버려 친구에게 빌리거나 약속시간에 늦는 것도 사람들에게 폐를 끼치는 것이었다. 집에서 형의 도움을 받을 때도 형에게 폐를 끼치면 안 된다는 야단을 맞았다. 그러다 보니 자신도 모르게 힘든 일이 생겨도 가족에게 말하지 않게 되었다. 조금이라도 다른 사람을 불편하게 하면 철저히 비난하는 가족에게 빌린 돈이 있다는 사실을 말할 수 없었다.

부모가 볼 때는 형 타츠히코가 자랑스러운 자식이었겠지만 재판을 방청한 사람들이나 사건 관계자들이 보기에는 동생보다 형의 인상이 더 나빴다. 자신의 죄를 뉘우치고 있는 동생에게는 정이 갔다. 동생은 사람에게 신세를 지지 않는 반면 우정을 중요하게 생각하는 성격으로 친구들로부터 신뢰를 받고 있어서 친구들이 자주 면회를 왔다. 타츠히코는 대기업에서 근무하고 있어 아는 사람이 많을지 몰라도, 만일 그가 경찰서에 가게 되는 일이 생긴다면 그를 찾아오는 사람은 동생보다 적을 것이다.

부모는 정확하고 멋있는 것만 중요시했다. 동생의 부드러움과 사려 깊은 태도는 인정하지 않았다. 형을 모델로 삼지 말고 자신의 개성과 장점을 살리자는 약속을 했다.

섹스리스 부부의 비밀

—

우에와 사야카는 30대의 부부로 자녀는 없다. 같은 회사에 근무하며 5년간 매일 함께 출근했다. 회사 내에서도 잉꼬부부로 통한다. 하지만 이 부부는 결혼하기 전부터도 성관계가 없었다. 그렇지만 사야카는 두 사람 사이에 아무 문제가 없다고 생각했다.

필자를 찾은 사야카는 울면서 이야기를 시작했다. 남편인 우에가 강제 성추행으로 체포되었다고 했다. 남편은 범행을 인정했으며 여성의 몸을 만지고 싶었다고 진술했다. 더욱 놀라운 점은 범행 현장이 집 근처였다는 것이다. 범행 시간은 저녁 10시에서 11시 사이로 아내 사야카가 항상 샤워를 하거나 텔레비전을 보는 시간대였다. 남편이 집 밖으로 나간 기억이 전혀 없었다. 매일 같은 침대에서 몸을 맞대고 자던 남편이 밖에서 성추행을 했다는 사실을 알고 사야카는 큰 충격에 빠졌다.

"사야카에게 잠자리를 요구했을 때 거절당했고 그때 모멸감을 느꼈습니다. 그 후로는 아내에게 성관계를 요구하지 않습니다."

죄송하다는 말만 하는 남편은 필요 이상으로 부인 사야카에게 신경을 쓰고 있었다. 남편이 근무하고 있는 회사는 사야카의 아버지가 사장으로 있는 곳이다. 대학원까지 졸업했지만 취업을 못한 남편을 사야카의 아버지가 고용했다. 사야카는 회사에서는 상사였다. 주변 사람들의 눈도 신경 쓰였고 남편에게는 결코 마음 편한 직장은 아니었지만 이런 대우를 받으며 일할 수 있는 곳이 없다는 점을 감안하며 참고 일하는 중이었다.

사야카는 성적인 부분에 대해서는 결벽증일 정도로 보수적이다. 노출이 심한 옷을 입은 아이돌이 방송에 나오면 보는 것만으로도 불편해했다. 친구와의 술자리에도 항상 동행했고 통화가 길어지면 불편한 내색을 하는 등 많은 고민이 있었지만 누구에게도 말할 수 없었다.

사야카는 경제적으로도 남편을 통제했다. 월급은 사야카가 관리했고 남편이 자유롭게 쓸 수 있는 돈은 거의 없었다. 물건을 사거나 식사는 전부 사야카가 카드로 지불했다. 아내가 싫지는 않지만 여러 가지 스트레스가 쌓여 정신적으로 힘들었다.

• 아들이 사람을 죽였습니다

어느 날 쓰레기를 버리러 나갔을 때 휴대전화를 보면서 걷고 있던 여성과 부딪쳤다. 여성이 떨어트린 휴대전화를 주우려고 하는 순간 남편은 여성의 가슴을 만지고 도망쳤다. 그런데 피해여성이 소리를 지르거나 쫓아오지 않았다. 그 후로 혼자 걷고 있는 여성의 뒤를 쫓아 가슴과 엉덩이를 만지는 행위를 반복했다.

"이런 짓을 하고 나면 뭔가 만족감을 느꼈어요. 멈출 수가 없게 된 거죠."

우에는 자신의 지난날을 후회하며 눈물을 흘렸다. 그래도 사야카는 남편과 다시 한번 부부의 관계를 회복하자고 말했다. 부인을 배신하고 성범죄를 저지른 남편을 용서해 준 것은 고마운 일이지만 우에는 또다시 사야카에게 기대어 산다면 같은 일이 반복될 것이라고 생각하여 이혼을 요구했다. 사야카에게는 청천벽력이었다. 사야카의 사례처럼 남편이 성범죄를 저지른 부부 중에서는 행복한 것처럼 보이는 사람들도 있다.

우리 엄마는 한국에 있어요

고등학교 2학년인 은정(가명)이는 현재 남동생, 할머니와 살고 있다. 초등학교 6학년 때 엄마는 유학을 떠났다. 인사도 없이 갑자기 유학을 가다니 원망스러웠고 엄마 없는 집이 이렇게 쓸쓸할지 몰랐다. 아빠도 돈을 벌기 위해 지방으로 내려가야 한다며 은정이와 동생을 외갓집에 맡겼다.

1년 넘게 엄마에게는 소식이 없었고 아빠는 경제적으로 가족을 부양할 능력이 없었다. 외할머니가 요양보호사 일을 하셨는데 생계만 겨우 유지했다. 이렇게 살 바에는 차라리 아빠가 완전히 사라져 '기초생활수급자'가 되는 것이 최선의 방법이라고 생각했다.

어느 명절날 아빠와 고모들이 엄마에 대해 이야기하는 것을 엿들었다. 엄마는 한국에 있었다. 범죄자가 되어 교도소에 있었던 것이다. 공금횡령을 저지른 범죄자라는 사실보다 다시 만날 수 있다는 것이 더 좋았다. 그 다음 날 바로 엄마를 만나러 갔다.

엄마를 만나는 것은 쉽지 않았다. 미성년이라 혼자서 만나려면 복잡한 과정을 거쳐야 했지만, 진로에 대한 고민을 엄마와 의논할 수 있어서 좋았다. 그런데 동생은 엄마, 아빠 없이 자라서 정(情)이 없다. 할머니 말도 안 듣고 동생에 대한 걱정이 많다.

• 아들이 사람을 죽였습니다

은정이가 제일 듣기 싫은 소리는 고모들이 하는 '엄마 험담'이다. 엄마가 욕을 먹는다는 것 자체도 수치스럽고, 자신은 그저 평범한 고등학생일 뿐인데 '수감자의 자식'으로 대할 때면 억울하기도 하고 화도 난다. 하지만 은정이는 언제든 엄마를 만날 수 있다.

제
6
장

가족의 죄를
짊어지고
사는 사람

살인자의
자식으로

산다는 것

—

90세를 넘긴 사토는 가해자가족지원 정보를 얻기 위해 필자에게 전화를 했다. 그리고 태어나서 처음으로 몇십 년간 가슴속에 묻어 두었던 과거의 이야기를 꺼냈다. 사토의 아버지는 친척에게 속아 큰 빚을 지게 되었다. 빚에 쪼들린 아버지는 반미치광이가 되어 자신을 속인 친척 두 명을 죽이고 사형판결을 받았다. 도후쿠의 작은 동네에서 일어난 일로 살인자의 가족은 마을에서 살 수 없었다.

"살인자의 새끼들은 다른 동네로 가 버려! 굶고 있어도 살인자의 새끼에게는 먹을 것을 줄 수 없어!"

사람들은 더러운 것을 보는 눈초리로 가족을 쳐다봤고 이런 소리를 계속 들으며 살았다. 살인사건이 발생하고 얼마 되지 않아 사토의 어머니는 집에서 목을 매어 자살했다. 부모를 대신해서 어린 사토와 둘째를 키운 것은 장남이었다.

"너희들은 절대 나쁜 짓을 하면 안 돼. 그리고 당당해야 해. 절대로 사람에게 피해를 입히지 마. 남들이 뭐라고 해도 변명하지 마."

장남 이치로는 사건 후 가해자가족으로 살아가야 하는 동생들에게 몇 번이나 그렇게 말해 주었다. 이치로는 동네에서는 일을 구할 수 없어 큰 도시로 떠나야만 했다. 둘째와 셋째는 일손이 부족한 농촌의 친척에게 맡겨졌다. 체포된 아버지가 어떻게 되었는지 남겨진 자녀들은 알지 못했다. 하루하루 살아내는 것만으로도 힘들었다.

친척집에서 둘째와 셋째는 노예였다. 먹는 것도 입는 것도……. 그래도 동생들은 불만 없이 죽기 살기로 살았다. 동생들이 마음을 잡은 것은 헤어질 때 이치로가 했던 꼭 데리러 온다는 말 한마디 때문이었다.

그러던 어느 날 마을 사람으로부터 강가에서 이치로의 사체가 발견되었다는 이야기를 들었다. 투신자살이라고 했다. 막내는 그때부터 살해당할지도 모른다는 공포에 휩싸였다. 밤중에 발자국 소리가 들리면 온몸이 떨렸다. 이치로가 투신자살을 했다는 말을 믿을 수가 없었다. 형은 강한 사람이라 스스로 목숨을 끊을 사람이 아니다. 마을 사람 중 누군가가 강에 밀어 넣은

• 아들이 사람을 죽였습니다

것이 아닐까. 우리 형제를 노리고 있다. 우리 형제가 죽어도 자살로 위장될 것만 같았다.

둘째와 셋째는 휴일도 없이 일했다. 그러다 둘째가 고열로 쓰러졌다. 친척은 병원에도 데려가 주지 않았고 쓰러진 며칠 후 결국 둘째는 죽었다. 어이없는 죽음이었다. 가족 모두를 잃었다. 셋째에게 위로의 말을 해 주는 친척은 아무도 없었다.

셋째는 형의 죽음을 계기로 마음을 독하게 먹고 살기로 결심했다. 눈물을 흘리거나, 감동하거나, 타인을 동정하지 않았다. 오로지 주어진 일을 해내서 자립해야겠다는 각오뿐이었다. 15세가 되자마자 셋째는 동네에서 구인정보를 보고 감옥과 같은 친척집에서 나올 것을 결심했다. 짐을 정리하고 인사 한마디를 남기고 동네를 떠났다.

셋째는 도시에 있는 공장에서 수년간 일한 후 자신의 회사를 설립했다. 회사는 안정적으로 운영되었고 회사 여직원과 결혼하여 가정도 꾸렸다.

"아무 생각 없이 무턱대고 일만 했습니다. 사람은 믿지 않았어요. 돈만 믿었습니다. 방법이 어떻든 부자가 되고 싶었습니다. 뛰어나지 않으면 세상에서 사라질지도 모른다는 공포감에 늘 휩싸여 있었습니다."

그 후 네 명의 자녀를 두고 행복한 가정생활을 꾸리게 되었다.

"아이들이 쑥쑥 커 가고 있는 모습을 보면서 다시 인간성을 회복할 수 있었습니다. 그전까지는 악마였죠. 악마가 되어야만 가해자가족은 살아갈 수 있습니다."

아내와 자녀들도 이 사건을 전혀 모른다. 부모와 형제들의 묘지도 없다. 존재했다는 증거가 없는 이상 자신의 가족에게 어린 시절의 아픈 이야기를 솔직하게 말하는 것이 별 도움이 되지 않을 거라 판단했다. 자신을 낳아 준 가족을 숨겼다는 죄책감은 있지만 어쩔 수 없이 가슴에 묻어 버렸다.

"저의 경험이 절망에 빠져 있는 가해자가족에게 희망이 된다면 죽은 가족을 위해서도 뭔가를 한 것 같은 기분이 드네요."

이렇게 마지막 소회를 전하며 전화를 끊었다.

가족을 위해
아버지를 죽인

형

　헤이세이(平成)시대에도 가해자가족에 대한 차별은 끊이지 않았다. 타무라 코이치의 아버지는 코이치가 고등학생 때 공장 운영에 실패하고 많은 부채를 짊어지게 되었다. 가족은 넓은 집에서 낡고 오래된 아파트로 이사할 수밖에 없었고 기르던 개도 데리고 올 수 없었다. 좁은 집에서 매일 밤 부모님은 싸우셨다.

　아버지는 파산 후 토목현장에서 일했다. 어머니는 육체노동은 힘들어했고 호스티스로 야간업소에서 일하셨다. 아버지는 어머니가 업소에서 다른 남자를 사귀는 것이 아닐까 의심했고 폭력도 휘둘렀다. 때로는 어머니의 머리카락을 자르기도 하고, 얼굴을 때려 일을 못 나가게도 했다. 형도 신문배달을 하면서 집안 경제에 도움을 주었다. 의사가 되고 싶어 했던 형의 꿈은 모두 사라져 버렸다. 그 당시 형도 아버지와 자주 싸웠다. 코이치에게 형은 동경의 대상이었다. 잘생기고 공부, 운동도 잘하는 장래가 촉망되는 학생이었다.

어느 날 코이치가 학교에서 돌아와 보니 집 앞에 경찰차가 있고 사람들이 모여 있었다. 현장 근처에 가 보니 반쯤 정신이 나가 있는 어머니가 경찰에 의지하며 경찰차에 오르고 있었다. 경찰차 안에는 굳은 표정의 형이 보였다.

아버지는 형의 칼에 살해되었다. 현장을 목격한 어머니는 정신적 충격으로 얼마 동안 병원에 입원해야 했다.

집에 들어와 보니 집주인이 코이치를 기다리고 있었다. 같은 아파트 주민도 집에 돌아와서는 놀란 눈으로 그를 쳐다봤다. 집주인은 코이치에게 담배꽁초와 빈 깡통을 던지며 집으로 들어가지 못하게 했다. 여름이라 공원에서 잘 수 있었다.

다음 날 경찰서에 갔더니 식사를 준비해 주었다. 담당 경찰관이 생활보호 신청 수속과 이제부터의 생활에 대해 상담해 주었다. 경찰관이 집주인에게도 잘 이야기해 당분간은 집에서 쫓겨나지 않을 수 있었다. 어머니가 병원에서 퇴원한 후 이사하여 두 사람만 살게 되었다.

코이치는 형을 만나고 싶어서 경찰서에 면회를 갔지만 형은 면회를 거부했다. 코이치는 매일 신문을 읽으며 형의 사건에 관한 내용을 확인했다.

"아버지와 말다툼 중에 일어난 일입니다."

형은 이렇게 진술했지만 분명 이런 간단한 이유는 아니다. 언론에서는 게으른 부모와 폭력적인 아들의 사건으로 보도하였다. 우연히 보게 된 아침방송에서는 어머니는 매일 술에 취해서 귀가했고 아버지는 형을 때렸으며 형도 어머니에게 폭력을 휘둘렀다는 이웃사람들의 증언영상이 방영됐다.

형은 누구에게도 폭력을 쓴 적이 없다. 아버지의 폭력을 멈추게 하려 했을 뿐이다. 아버지에게 얼굴이 피투성이가 되도록 맞아 집을 나가려는 어머니를 쫓아가 형의 차 안에 어머니의 잠자리를 마련해 준 사람이 우리 형이다. 아마 이런 모습을 보고 형도 폭력을 휘둘렀다고 착각한 것 같다.

사건이 발생하고 반년이 지났을 때 코이치는 지역신문에 작게 실린 형의 재판판결 보도를 보았다. 판결은 징역 20년. 코이치는 믿을 수 없었다.

아버지의 존재를 인정하지 않았고 아버지에 대한 분노를 가지고 있었으며 범행은 계획적이었다고 재판부는 판단했다. 도대체 왜 형은 진실을 말하지 않았을까? 코이치는 억울했다.

판결확정 후 코이치는 형의 사건을 담당한 변호사를 어렵게 만날 수 있었다.

"도대체 당신 형에게는 무슨 일이 있었던 거죠?"

오히려 변호사가 궁금해했다. 가족에게 연락해 상황을 알리고 싶었으나 가족은 관련시키지 말아 달라는 부탁에 연락조차 못했다고 했다. 형은 아무런 이야기도 하지 않았다. 형다운 행동이다. 아버지의 목숨을 빼앗은 순간부터 가족과의 인연을 끊을 각오를 한 것이다. 지금까지의 가족 문제를 형이 모두 책임진 것이다. 자기 혼자서 나쁜 놈이 되는 것으로 사건을 끝내려 한 것이다.

"만일, 동생을 만나면 형에 대한 기억을 모두 잊어 달라고, 평생 만나지 않을 것이라고 전해 주세요."

변호사를 통해 형의 말을 전해 들었다. 코이치는 구치소에 있는 형을 만나러 갔지만 면회를 거부당했다. 그 후 어느 교도소에 수용되어 있는지조차 알 수 없다. 코이치는 고등학교 졸업 후 일을 하면서 야간대학에 진학하고 취직했다. 어머니는 사건 이후 정신적 충격으로 회복이 어려운 상태이다. 코이치는 형의 말대로 주변 사람들에게 '형제는 없다'고 말한다. 그렇지만 사람들이 물어볼 때마다 너무 좋아했던 형의 모습이 떠올라 눈물이 난다.

• 아들이 사람을 죽였습니다

어느
성범죄자의

아내

    츠노다 미에코는 남편이 운영하는 회사 일을 가끔 도와주고 있지만 직장 경험이 없는 전업주부이다. 집안일과 자녀양육을 하며 평범한 일상을 보내고 있었다. 첫째 아들은 이미 결혼하여 자신의 가정을 꾸렸고 둘째 아들은 올해 결혼할 예정이다. 사업 시작 후 남편은 성실히 일했다. 큰 회사는 아니지만 곧 차남에게 회사를 물려줄 생각이다.

    두 명의 자녀 모두 대학까지 보냈고 경제적으로 넉넉한 편은 아니었지만 훌륭하게 성장해 부모로서 뿌듯하고 어느 정도 부모의 역할에서 자유로워진 것도 사실이다. 일만 하는 남편이라 같이 여행을 가 본 적도 없었다. 이제부터 부부가 여유 있게 여행이라도 다녀 볼까 하고 여행광고에 관심을 가질 즈음 충격적인 사건이 발생했다.

집 초인종 소리에 현관을 열자 두 명의 경찰관이 서 있었다. 혹시 남편이 교통사고를 당한 건 아닌지 불안했다. 경찰관은 영장을 내밀며 자택을 조사하겠다고 말했다. 도대체 무슨 일일까. 곤혹스러워하고 있을 때 둘째가 돌아왔다. 경찰에 의하면 남편이 강도죄로 체포되었다고 들었다. 무엇인가 잘못되었다.

경찰관이 집 안에서 무엇을 찾고 있는지 물어보려고 할 때 둘째가 엄마의 팔을 잡아당기며 아무도 없는 부엌으로 데리고 갔다.

"아버지가 회사 여자 화장실에 몰래카메라를 설치하고 여직원 탈의실 락커를 열어 옷을 훔쳤대요."

있을 수 없는 일이다. 미에코는 악몽을 꾸는 것 같았다. 성실한 남편이 설마 그런 변태 같은 짓을 했다니 믿을 수 없었다. 그러나 집에서 몰래 촬영한 영상과 여성하의, 치마 등 다수가 발견되었다. 둘째 아들이 경찰에서 사정청취를 받고 있는 동안 직원들에 대한 대응은 미에코가 맡기로 했다.

"형사사건은 다른 변호사에게 의뢰하십시오."

회사 고문 변호사도 남편의 사건을 수임하고 싶어 하지 않았다. 미에코를 회사에서 기다리던 부사장도 냉담했다. 미에코는 부사장에게 이끌려 직원들이 모여 있는 회의실에 들어갔다. 바늘방석 같았다.

"먼저 사과부터 하시죠."

부사장은 멍하니 서 있는 미에코에게 갑자기 화를 냈다.

미에코는 20명 정도의 직원 앞에서 무릎을 꿇고 남편의 행동에 대해 잘못을 빌었다. 피해자인 어떤 여성으로부터 심한 말까지 들었다.

"당신이 남편을 만족시키지 못하니까 이런 일들이 생긴 거잖아요."

미에코는 뭐라고 반박할 수 없었다. 사과는 이것이 끝이 아니었다. 둘째의 약혼자 가족이었다. 미에코는 둘째의 약혼자 부모에게 다시 한번 무릎 꿇고 사죄를 했다. 약혼자의 아버지는 변태 가족에게 딸을 줄 수 없다며 파혼을 요구했다. 둘째의 약혼자는 지하철에서 몰래 촬영을 당했던 피해 경험이 있기 때문에 미에코 남편의 범행을 용서할 수 없었다. 둘째도 파혼하는 것이 좋겠다고 생각한 것 같다.

결국 둘째의 결혼은 깨졌다. 사건 발생 후 약혼녀는 둘째를 두 번 다시 만나려 하지 않았다. 이미 자녀를 출생한 첫째 가족은 먼 곳에서 생활하고 있었기에 그리 많은 영향을 받지 않았다. 며느리의 부모는 연세가 많이 드셨기에 사건은 숨기기로 했다. 미에코는 살면서 이처럼 굴욕적인 경험을 한 적이 없었다. 그러나 남편을 직접 만나 이야기를 듣기 전까지 남편의 결백을 믿고 있었다.

하루아침에 성범죄자의 아내가 된 미에코에 대한 주변의 반응은 놀라울 정도로 냉담했다. 미에코를 동정해 주는 사람은 한 사람도 없었다. 자녀들조차도 마치 사건의 책임이 미에코에게 있다는 듯했다. 이 세상에서 내 편은 남편밖에 없다고 생각했다. 남편이 체포된 후 며칠이 지난 후 미에코는 남편을 면회할 수 있었다.

"여보. 미안해……."

남편은 미에코에게 이렇게 말하며 고개를 떨구었다. 미안하다는 말 한마디가 다였다.

"좀 더 일찍 당신과 헤어지고 그녀와 함께 살았다면 이런 일은 일어나지 않았을 거야."

남편은 울면서 그렇게 말했다. 남편이 몰카를 찍은 것은 5년 전부터였다. 사귀던 여직원이 다른 남자와 결혼한 충격으로 범행을 시작하게 되었다. 미에코는 이혼하고 남편에게 거액의 위자료를 청구하려고 했으나 회사 사정도 좋지 않았다. 남편이 파산할 것이 확실했다. 둘째 아들도 실직 중이어서 가족이 살아갈 길을 찾는 것이 먼저라고 생각했다.

오빠 때문에 강간당한

여동생

———

"강간한 남자를 죽이는 꿈을 꿉니다. 그런데 죽인 상대의 얼굴은 오빠예요. 오빠 때문에 우리 가족이 얼마나 힘들었는지……. 이런 것도 모르는 오빠를 저주합니다. 아마 마음속 깊은 곳에서는 오빠를 죽이고 싶은 건지도 모르겠어요."

야마쿠치 사키에의 오빠는 살인사건으로 무기징역 판결을 받고 복역 중이다. 일평생 만날 일은 없다고 생각하고 살았는데 오빠로부터 갑자기 편지가 왔다. 사키에는 이미 30년 이상 지난 사건이지만 마치 어제의 일처럼 생생하다.

"집은 위험해! 빨리 도망가."

당시 17세였던 사키에는 집에서 오빠의 전화를 받았다.

"도망가라고? 갑자기 왜? 도대체 무슨 일이야?"

"시간 없어. 여하튼 빨리 도망가."

그렇게 말하며 오빠는 전화를 끊었다.

어느 때보다 급해 보이는 오빠의 목소리에 사키에는 커다란 불안에 휩싸였다. 분명히 돈 문제일 것이다. 오빠는 중학교 때 가출하여 강도죄로 소년원에 복역한 적이 있다. 그 후로 안정된 직업도 없이 조직폭력배들과 어울려 다녔다. 밖에 시끄러운 소리가 들려서 현관에서 밖을 내다 보니 마당에 주차해 놓은 오빠 차 주변에 남자들이 서 있는 모습이 보였다. 남자들은 현관에 와서 사키에를 보더니 집으로 들어왔다.

"야! 어서 나와."

남자들이 소리쳤다.

"오빠 어디 있어?"

남자 한 사람이 사키에에게 물었다. 모른다고 대답하자 갑자기 입을 틀어막고 집 안으로 끌고 들어갔다.

"차가 있으니 분명히 집에 있을 거야."

그렇게 말하며 남자들은 현관문을 닫고 집 안을 뒤지기 시작하더니 사키에를 침실에 끌고 들어가 강간했다. 한 사람이 끝나자 다른 남자가 위로 올라왔다. 틀어막은 입가에 손이 떨어진 순간 소리를 치려고 했지만 소리치면 죽여 버리겠다며 악마같은 모습으로 노려보았다. 목소리는 더 이상 나오지 않았다

"이건 다 너희 오빠 때문에 생긴 일이야. 복수라고 생각해."

남자들은 몇 번이나 그렇게 말했다. 사키에는 두 남자에게 강간을 당했다.

"우리가 온 걸 절대 누구에게도 말하지 마. 말하면 집에 불을 지를 거야. 아무 일도 없었던 것처럼 정리해!"

그렇게 말하며 남자들은 도망치듯 집을 나갔다. 사키에는 현관까지 가서 현관문을 잠그고 남자들이 말한 대로 어지럽혀진 방을 치우고 얼굴의 피와 몸을 닦았다. 얼마 후 어머니가 집에 돌아왔다. 사키에가 문을 열자 어머니는 쓰러지듯 현관에 주저앉았다.

"코치가 사람을 죽였어."

사키에는 귀를 의심했다. 돈 문제는 지저분한 오빠였지만 설마 살인을 하다니. 오빠는 친구들과 주택에 침입해 부부를 죽이고 도망 중이었다. 경찰이 집으로 왔다. 경찰관이 사키에에게 오빠를 보았냐고 물어보았다. 사키에는 보지 못했다고 말했고 집 안을 수색하기 시작했다. 자신이 강간당한 사실을 경찰에게 말하고 싶었지만 두려움이 앞섰다. 강간당한 사실만은 누구에게도 알리고 싶지 않았다. 오빠 때문에 힘들고 고생만 한 어머니에게 더 이상 걱정을 끼쳐 드리고 싶지 않았다.

사키에의 아버지는 사키에가 어릴 때 교통사고로 돌아가시고 어머니 혼자서 집안 생계를 책임지셨다. 오빠는 제대로 된 직업도 없이 게임만 하며 지냈다. 사키에는 어머니에게 잘했다. 돈이 생기면 옷이나 액세서리를 선물하기도 했다. 어머니는 오빠가 안정된 직업을 갖기 바라셨지만 오빠는 그때마다 요령 좋게 구슬려 자신의 빚을 어머니에게 갚게 했다.

다음 날 오빠는 친구와 함께 인근 지역에서 체포되었다. 사건에 대한 언론보도가 시작되자 집 주변에는 취재기자들이 모여들었다. 사키에는 무서워서 밖에도 나갈 수 없었다. 고등학교도 쉴 수밖에 없었다. 이웃에 살던 반 친구인 다나카 마모루가 사키에가 걱정되어 집에 와 주었다. 마모루는 유복한 집 자녀로 학교 성적도 우수한 학생이었다. 마모루는 이전부터 사키에에게 좋은 마음을 가지고 있었다.

마모루가 아침에 데리러 와 주었고 여러 가지 배려를 해 주어 사키에는 학교에 빨리 적응할 수 있었다. 학교에서도 왕따를 시키거나 나쁜 말들이 돌지 않았고 반 친구들 모두 친절하게 대해 주었다. 만일 그때 반 친구들의 지지가 없었다면 아마도 자살했을 것이다.

겨우겨우 이전과 같은 평범한 일상생활로 돌아가려고 할 때쯤 임신 사실을 알게 되었다. 오빠의 체포 후 주변에 신경 쓰느라 강간당한 일을 잊고 있었던 것이다. 임신을 알게 된 순간 그때의 공포가 또다시 떠올랐다. 사키에는 하루라도 빨리 중절수술을 받고 싶었다. 의사는 어머니와 상담하라고 했지만 그럴 수 없었다.

　　　　　　　• 아들이 사람을 죽였습니다

체포된 오빠는 범죄사실을 부인했다. 오빠는 무죄사건에 유능한 변호사를 붙여 달라고 어머니에게 말했고 어머니는 자식의 무죄를 믿었기에 친척에게 부탁해서 변호사비용을 마련했다. 어머니는 오빠의 범행으로 직장에서도 해고되고 청소 일을 하면서 힘든 생활을 버텨 갔다. 고등학교 학비도 내야 하는데 사키에는 친구에게 의논하고 싶었으나 그 사실을 말할 용기가 나지 않았다.

고민하고 있는 사키에의 마음을 알아챈 마모루는 조심스럽게 상황을 물어봐 주었다. 그때 사키에는 마모루에게 모든 것을 말했다. 마모루가 중절수술 비용을 부담했고 그 이후에도 상처받은 사키에를 보듬어 주었다. 사키에는 마모루로부터 고등학교를 졸업하면 결혼하자는 말을 들었다. 마모루는 진지하고 친절했지만 사키에에게는 사실 따로 좋아하는 남자가 있었다. 그러나 모든 것을 알고 있음에도 결혼하자고 이야기해 준 마모루의 마음을 거절할 수 없었다.

어머니의 경제적인 지원에도 불구하고 오빠에게 무기징역이 내려졌다. 어머니처럼 사키에도 오빠가 나쁜 사람이기는 해도 살인자는 아니라고 생각했다. 사람을 속이거나 물건을 훔친 적은 있어도 폭력을 쓰는 일은 한 번도 없었다. 그렇지만 지금까지 폐만 끼치면서 자기 마음대로 살았던 사람이기에 무기징역이 당연한 결과라고도 생각했다.

마모루와 사귄 지 1년이 지났을 즈음 사키에는 돌연 헤어지
자는 이야기를 들었다.

"부모님이 결혼을 허락해 주시지 않아. 학생이기도 하고…….
부모님도 반대하시니 역시 우리 둘은 어려울 것 같아."

마모루의 말에 사키에는 상처를 받았다. 마모루에게 마음을
열고 사랑을 느끼기 시작했을 때였다. 그러나 살인자가족의 운
명이니 어쩔 수 없다고 여겼다. 어머니는 성적이 우수한 사키에
를 큰 도시로 보내려고 결심했다. 이 마을에서는 사건을 모르는
사람이 없었다. 아마도 제대로 된 직장에 취직을 할 수도 없었을
것이다. 사키에도 고향을 떠나 다시 시작하고 싶었다. 사키에는
고등학교 졸업 후 백화점에 취직했다. 면접에서 부모의 직업을
물었으나 오빠의 사건이 문제가 되지는 않았다. 주변 사람들에
게 오빠는 아버지와 함께 교통사고로 죽었다고 말했다.

어머니는 자식의 무죄를 믿고 재심을 준비하였다. 그러나 어
머니는 오빠의 무죄가 밝혀지기도 전에 교도소에 죽게 될 것이
라며 탄식만 해 댔다. 사키에는 그 말에 안심하고 오빠와는 죽
을 때까지 연락하지 않겠다고 어머니에게 말했다.

그 후 사키에는 직장 동료와 결혼했다. 남편에게는 오빠의 사
건에 대해서 솔직하게 말했다. 남편은 부모와 친척에게는 말하
지 않겠다고 했다. 두 명의 자녀도 낳고 행복한 하루하루가 계
속되었다. 사건이 일어난 뒤 30년이 지난 지금 남편의 성을 사

용하고 있는 사키에의 앞으로 수감 중인 오빠에게 돌연 편지가 왔다. 오빠를 잘 부탁한다는 유언을 남기고 돌아가신 어머니의 말이 생각났다. 사키에는 마지못해 봉투를 열어 보았다.

'사키에, 보고 싶구나. 벌써 몇십 년이나 만나지 못해 서로 알아볼 수나 있을지. 나는 아무 죄 없이 30년 이상 교도소에서 살고 있다. 그동안 어머니와 너에게 힘든 짐만 준 것 같아 마음이 괴롭다. 고생만 하신 어머니의 장례를 치르지 못해 마음이 무겁다. 이제 곧 출소하게 될 것 같구나. 그때 둘이서 어머니의 산소에 가자. 다시 만날 날을 기다리고 있을게. 남편과 아이들에게도 안부를 전해 다오. 오빠로부터.'

사키에는 편지를 읽어 내려갈수록 분노가 치밀어 올라서 손이 떨렸다. 분노로 경직되어 있는 부인의 얼굴을 본 남편은 온 마음을 다해 위로했다. **생각하고 싶지도 않았던 그날의 무서운 기억이 떠올랐다.**

"이건 너의 오빠에 대한 복수다."

사키에를 강간한 남자의 얼굴이 조금씩 떠오르면서 그 윤곽이 오빠의 얼굴과 겹쳤다.

모범생의
예상치 못한

추락

"집은 대출이 남아 있고 자동차는 외제차이지만 중고입니다. 나는 명품도 없고 옷을 살 돈도 없습니다."

다카하시 준코의 남편은 어마어마한 투자사기로 체포되었다. 남편이 범행동기를 '생활비 충당'이라고 진술했기 때문에 가족인 준코와 딸의 부유한 생활이 비난거리가 되었다.

"남편에게는 다른 젊은 애인이 몇 명 있습니다. 그 일로 이미 이혼해야겠다고 결심했었어요. 그럼에도 남편의 구속 때문에 이혼하는 것처럼 비춰져 저와 저의 딸만 비난을 받고 있습니다."

인터넷에는 준코 가족의 옷차림에 대한 비판이 일어났다. 글을 유추해 보면 대부분 지인들이 써서 올린 것 같았다.

"딸의 교육에는 돈을 썼습니다. 부모의 욕심이었지 결코 그 아이가 원한 것은 아니었습니다. 그럼에도 우리 딸이 제일 나쁜 것 같이 비춰져 너무 속이 상합니다. 제 딸이 너무 불쌍해요."

다카하시 미츠키는 중·고등학교가 같이 있는 기독교계의 명문 여자학교에 다니고 있었다. 회사를 운영하는 아버지와 전업주부인 어머니 준코 이렇게 세 가족은 아버지의 범죄 이전에는 어느 것 하나 불편함 없는 생활을 했다.

새해가 되고 며칠이 지나 미츠키는 단기유학을 끝내고 캐나다에서 귀국했다. 집은 이사를 준비하는 듯 박스가 쌓여 있었다. 중요하게 할 말이 있으니 귀국하라던 엄마는 수척해져 있었다. 틀림없이 무슨 일이 생긴 것이다.

"아빠 회사가 파산했어."

미츠키는 자신의 귀를 의심했다.

"이 집에서 나가야 해. 할머니 집으로 이사가야 하니 짐을 정리해."

미츠키는 자기 방으로 들어가서 모든 짐을 정리했다.

"미안해. 시간이 별로 없어. 나중에 천천히 설명해 줄 테니까. 서둘러 줘."

준코는 급하게 말했다.

"아빠는 어디 있어요?"

아버지가 계시는 곳을 묻자 예상치 못한 답이 돌아왔다.

"경찰서……."

준코는 미츠키가 귀국하기 전까지 사건을 숨겼다. 이제부터는 해외에 나갈 여유도 없을 것 같아 마지막 해외여행을 만끽하게 해 주고 싶었다.

"학교는 어떻게 되는 거야?"

미츠키는 조심스럽게 물어봤다.

"할머니 집 근처의 고등학교로 전학 갈 거야."

"언제?"

"바로."

"말도 안 돼."

미츠키는 울기 시작했다. 미츠키가 다니는 학교는 들어가기 어렵고 교복도 예뻐서 모두가 부러워하는 학교였다. 다른 고등학교를 다닐 거라고는 상상도 못했었다.

"이제 학비를 낼 여유가 없어."

언제나 자신감 넘치는 엄마였기에 힘없는 엄마의 말은 미츠키를 수렁으로 밀어 넣어 버렸다.

다음 날 아침 엄마와 미츠키는 마치 야반도주하듯 조용히 짐을 옮기고 할머니집이 있는 시골로 향했다.

미츠키는 고등학교 2학년의 남은 3개월 만이라도 지금의 학교를 다니고 싶다고 엄마에게 말했다. 학비는 이미 다 냈기 때문에 상관없었다. 조부모는 미츠키를 가엽게 생각해 내년 학비는 자신들이 어떻게 해서든지 마련해 보겠다고 했다. 고등학교

· 아들이 사람을 죽였습니다

생활을 계속할 가능성이 생기자 미츠키는 한줄기 빛이 보이는 것 같았다. 엄마의 본가로부터 학교까지는 고속버스로 편도 1시간. 일찍 일어나야 하는 것이 쉬운 일은 아니지만 그 학교를 계속 다닐 수만 있다면 어떤 일이라도 할 수 있었다. 신학기 첫날 미츠키는 담임선생님으로부터 교무실로 오라는 이야기를 들었다.

"미츠키, 다행히도 전학 가려는 S 고등학교에 결원 모집이 나왔구나. 잘된 것 같아. 빨리 서류를 제출하렴."

담임선생님의 말에 미츠키는 혼란스러웠다.

"네? 아직 저는 학교를 그만두지 않았는데요."

담임선생님의 얼굴색이 변했다.

"그래도……."

"내년은 어떻게 할 거니?"

"내년 학비는 할아버지가 내주시기로 했어요."

담임선생님은 곤란한 표정을 지었다.

"그래. 알았어. 그러나 이 학교에 계속 다니는 것이 너에게 도움이 되는지는 잘 모르겠구나."

담임선생님과 함께 교실에 들어가자 뭔지 모를 예전과는 다른 분위기가 느껴졌다. 반 친구들 몇 명의 시선이 차가워진 것을 느꼈다.

"고생했지?"

쉬는 시간에 친구 레이나가 다가왔다.

"설마 사건을 모두 알고 있는 거야?"

캐나다에 가 있던 미츠키는 아버지의 체포 보도를 전혀 몰랐다. 아버지가 점퍼에 얼굴을 묻고 수갑이 채워진 채 경찰차에 타는 모습이 전국에 방송되었을 줄이야. 미츠키는 갑자기 다리가 후들거렸다.

"너무 놀랐어. 어디로 도망갔다고 생각했는데 설마 학교에서 다시 볼 줄은 생각도 못했어."

학교가 끝난 후 미츠키는 관현악부 연습실로 향했다.

"미츠키, 웬일이야?"

연습실에 들어가자 선배가 놀란 얼굴로 쳐다봤다.

"네? 연습하려구요……."

"연습? 그럴 상황이 아니잖아?"

미츠키가 당황하자 관현악부 선생님이 다가왔다.

"미츠키, 뭐하고 있어? 연습이라니? 빨리 돌아가."

미츠키는 내쫓김을 당한 듯한 기분이 들었다. 무엇 하나 손에 잡히지 않았다.

"모처럼 연주하면서 잠시 잊고 싶었던 건데……."

왕따
여고생의

전학

—

    할머니 집에서는 아무 일도 없었던 것처럼 시간이 흘렀다. 주변에는 편의점 하나 없다. 밤 8시만 지나도 거리는 조용하다. 아버지는 경찰서에 계시고 당분간은 집에 돌아올 수 없다. 지금은 가족도 면회가 허락되지 않는다. 어머니는 아버지의 사업내용을 자세히 알지 못하기 때문에 사건의 전말도 잘 모르신다.

    미츠키는 친구들 몇 명에게 무사히 귀국했다는 메일을 보냈지만 레이나 이외에는 답장이 없었다.

    다음 날 아침 미츠키는 친구들에게 캐나다에서 사온 과자를 주려고 했지만 누구도 받으려고 하지 않고 도리어 경멸의 시선을 보내왔다.

    "믿을 수 없어."

"바보 아니야?"

친구들로부터 비난의 말들이 들려왔다. 미츠키의 책상 주변에는 누구도 가까이 오지 않았다. 수업 시작 전에 막 들어온 레이나만이 인사를 해 주었다.

점심시간. 언제나 네 명이 도시락을 함께 먹었는데 마키와 미호는 다른 친구들과 먹고 있다. 갑자기 무시당한 미츠키는 수업이 끝난 후 마키와 미호에게 그 이유를 물어봐야겠다고 생각했다. 미츠키가 말을 걸려는 순간, 두 사람은 도망치듯 교실을 나가 버렸다. 쫓아가려는 미츠키를 레이나가 붙잡았다.

"미츠키, 너 이상한 거 아니니?"

그 모습을 보고 있던 에리코가 말했다.

"아버지가 그런 범죄를 저질렀는데 아무렇지도 않게 학교에 나오고 해외여행 선물까지 가지고 오다니, 너 자랑하는 거니?"

정의감이 강한 에리코는 정면으로 미츠키의 행동을 비판했다.

"아버지가 잘못한 거지 미츠키의 잘못은 아니잖아."

레이나가 미츠키를 변호했다.

"그래도 이 학교의 학비는 아버지가 사기 친 돈으로 낸 거잖아. 죄책감도 없니?"

미츠키는 더 이상 있을 수 없어 자신도 모르는 새 교실을 도망치듯 나왔다. **'학비는 아버지가 사기 친 돈'** 그 말이 가슴에 박혔다.

• 아들이 사람을 죽였습니다

미츠키가 다니는 고등학교에는 유복한 가정의 아이들도 있지만 빠듯한 형편에 아르바이트를 하면서 다니는 학생들도 있었다. 하지만 미츠키처럼 매년 몇 주씩 해외 단기유학을 하는 학생들은 별로 없다. 부모가 이혼하면서 학비를 내지 못해 학교를 그만두는 친구들도 있었다. 미츠키가 부자라는 것을 시기하는 친구들도 종종 있었다.

"괜찮아. 시간이 좀 지나면 예전처럼 돌아갈 거야."

레이나의 위로에 힘을 얻어 다음 날 학교에 갔다. 그러나 미츠키를 대하는 주변의 분위기는 날이 갈수록 더 심해졌다. 같은 반 교실뿐만 아니라 특별활동에서도 무시를 당했다. 하굣길에는 모르는 학생으로부터 '집에 가 버려' '도둑놈 딸' 등 상처가 되는 말을 듣기도 했다.

어느 날 교실을 나와 교무실을 지나가는데 어른들이 모여 앉아 있었다.

"저 아이야?"

어느 여성이 미츠키를 가리키며 말했다.

"도대체 어떻게 할 생각이세요? 피해자의 자녀도 학교를 다니지 못하는데 가해자의 자녀가 아무렇지도 않게 학교를 다닌다니 말도 안 됩니다."

미츠키의 일로 항의하러 온 것 같았다. 미츠키가 방과 후 담임선생님에게 상황을 물어보았더니 학부모들이 매일 같이 미츠키의 일을 항의하러 온다고 하였다. 미츠키의 아버지는 많게는 수억 원을 가로챘다. 아버지를 완전히 신뢰하여 자신의 모든 적금을 맡긴 피해자도 있었다. 그 자녀들 중에는 학교를 다니지 못하게 된 학생도 있다고 한다.

인터넷 게시판에는 미츠키 아버지의 화려한 생활이 화제가 되고 있다. **'부인은 고급 외제차를 타고 다니며 딸은 명문 고등학교 학생' '아버지 체포 후에도 딸은 학교에서 해외 유학 자랑'** 등 반 친구만이 알 수 있는 내용이 공개되어 있다. 미츠키의 실명도 공개된 상태였고 댓글 중에는 **'딸, 몸 팔아 돈 갚아라! 아주 사치스럽군'** 같은 말도 있었다. 딸의 신체적 특징까지 적혀 있었다. 가끔 발신자 표시가 없는 전화가 걸려 오기도 하였다. 미츠키는 엄마와 함께 상담하러 경찰서에 갔다.

담당 경찰관은 노골적으로 귀찮은 티를 냈다. 사이트 관리자에게 연락해 삭제를 의뢰하라는 형식적인 말만 남겼다.

"딸에게 무슨 일이 생기면 어떻게 하죠?"

"빨리 전학시키는 것이 좋습니다. 만일 무슨 일이 생긴다면 그때 연락 주세요."

엄마의 걱정은 이렇게 끝났다. 사건이 발생한 후 한 달이 지났지만 학교에 미츠키가 있을 곳은 여전히 없었다. 미츠키가 속해 있는 관현악부에서는 미츠키를 어떻게 해야 할지 의견을 받고 있었다. 앞서 말한 인터넷 게시판에는 미츠키가 관현악부인 것을 지목하며 '바이올린을 한대……. 최고급 악기를 쓰고 있다네. 그 악기를 팔아서 돈 갚아라!' '상당히 여유 있네.' '아르바이트라도 해서 돈 갚아라' 등 험악한 댓글이 계속되었다. 자신들까지도 미움을 받으면 어떻게 하냐고 걱정하는 부원들도 있었다.

"우리는 미츠키와 함께 음악을 하고 싶지 않아."

부장은 미츠키를 연습실에 불러 30명의 부원들 앞에서 그렇게 말했다. 누구 한 사람 미츠키를 두둔해 주는 사람이 없었다.

"지금까지 친구였으니까 솔직히 말할게. 미츠키와 함께 음악을 하고 있으면 범죄를 저지르고 있는 것 같아."

미츠키는 부장의 발언에 할 말이 없었다. 미안하다는 사과와 이제까지 감사했다는 말을 하고 연습실을 나왔다. 선생님들의 시선도 날이 갈수록 차가워지는 것을 느꼈다. 이제까지 힘들 때마다 상담을 해 주었던 체육선생님과 언제나 건강을 걱정해 주었던 양호선생님도 말을 걸어 주지 않았다.

미츠키는 단 한 명의 친구 레이나에게 몇 번이나 메일과 전화를 했지만 그날은 연결되지 않았다. 레이나까지 나를 피하는 건 아닐까 불안해서 그날은 잠을 잘 수가 없었다. 다음 날 레이나는 평상시보다 밝은 모습으로 나타났다. 미츠키가 몇 번이나 연락했는데 전화하지 않은 이유를 물어보았더니 남자친구와 같이 있었다고 대답해 주었다.

"어제가 밸런타인데이라. 미안."

기쁜 표정의 레이나를 보고 미츠키는 화를 참을 수가 없어서 결국 화를 내 버렸다.

그날 방과 후 불편해진 분위기를 바꾸려고 레이나에게 말을 걸자 레이나는 고개를 숙이고 중얼거렸다.

"미안해. 더 이상은 힘들겠어. 미츠키 옆에 있는 거…… 이제 나도 힘들어. 나에게는 너무 버거워."

유일했던 친구도 떠나가 버렸다. 그다음 날 미츠키는 학교를 그만두고 전학 서류를 제출했다. 어머니의 친정 근처 음식점에서 아르바이트를 시작했고 다음 해부터 근처 고등학교에 다니게 되었다. 일반 S 고등학교. 미츠키는 첫날을 긴장한 채 보냈다. 사건이 여기까지 알려졌을까 걱정되어 주변 사람들과 눈을 마주치는 것이 두려웠다.

미츠키는 한 여학생을 보고 옆에 가서 앉았다. 그녀도 웃어 주자 미츠키는 가슴을 쓸어내렸다.

"이 학교 나도 알아."

미츠키가 아직 사용하고 있던 예전 고등학교의 가방을 보며 그녀가 물었다. 미츠키는 사건을 알고 있을까 봐 긴장했다.

"나도 중학교 3학년까지 다녔어."

미츠키는 놀랐다. 설마 여기서 같은 학교 출신을 만날 줄이야.

"아버지가 자살해서 고등학교를 갈 수가 없었어."

"우리 아빠는 사기죄로 교도소에 있어."

"힘들었겠다. 우리 집도 빚 때문에 자살한 거라서……. 주변에서 책임지라고 난리도 아니었어. 이젠 생각하고 싶지도 않아."

두 사람의 대화는 끊이지 않았다.

제
7
장

가족을
비난하면
범죄가 줄어드나

가족의 자살을 모르는

범죄자

범죄자들은 가족이 받고 있는 사회적 비난에 대해 어떻게 생각하고 있을까? 필자는 교도소에 가서 수용자에게 가해자가족의 심정과 상황을 알리기 위해 강연이나 프로그램을 진행한다. 죄를 지은 가해자는 체포 후 바로 담장 안으로 격리되어 세상과 단절된 채 살아간다. 따라서 언론에 쫓겨 도망 다니는 가족이나 과열된 언론보도, 자신이 일으킨 범죄로 인해서 가족들이 어떻게 살고 있는지는 전혀 알 수가 없다. 세상에서 벌어지는 일들이 교도소 안으로 전달될 방법은 없다. 가족이 자살을 해도 아무것도 모른 채 수감생활을 이어 나가게 된다.

앞에서 서술한 것처럼 수용자 본인이 가족에게 편지하지 않으면 가족은 그가 어디에 수감되어 있는지 모른다. 흉악범죄사건의 가족은 사건 후 거주지를 옮기는 경우가 많기 때문에 서로 어디에 있는지 알지 못한 채 가족과 인연이 끊기기도 한다. 수감기간이 긴 수용자는 이미 몇십 년간 사회로부터 격리된 생활을 하고 있기 때문에 사회에서 어떤 일들이 벌어지는지 상상조차 할 수가 없다. 따라서 사회적 차별에 힘들어하는 가해자가족의 이야기를 해 주어도 반응은 둔감하기만 하다.

수용자들의 반응은 천차만별이다. 자신의 자녀가 학교를 다니지 못하게 되었다며 후회하는 경우도 있지만 대부분의 수용자들은 그런 사실에 놀라거나 가족으로부터 그런 이야기를 들은 바 없다며 다른 사람 일처럼 반응하기도 한다.

"저와 인연을 끊겠다는 이야기를 변호사를 통해 들었습니다."

"저희 가족은 재판에 오지도 않았습니다."

"면회를 한 번도 오지 않았습니다."

이렇게 가족에 대한 불만을 쏟아 놓기도 한다. 그러나 가해자가족의 입장에서는 범죄자와 인연을 끊을 각오를 하지 않으면 사회에서 살아갈 수 없다.

수용자 중에는 지금까지 가족에게 원망만 했는데 가족의 상황을 듣고 가족을 용서할 수 있었게 되었다는 사람도 있었다. **가족과의 관계는 사회와 관계를 설정하는 중요한 바탕이 되므로 가족과의 관계를 긍정적으로 다시 쌓는 것이 수용자의 사회복귀에 중요한 발판이 된다.**

• 아들이 사람을 죽였습니다

가족 비난은
본보기
처벌

—

  인터넷에서 자행되고 있는 가해자가족에 대한 비방, 개인정보의 폭로, 집에 돌을 던지는 위법행위 등 가해자가족에 대한 사회적 비난을 특별히 문제 삼지 않고 있는 배경에는 죄를 지으면 가족도 범죄에 책임이 있으며 비난을 받아야 한다는 일종의 '본보기 처벌'이 범죄를 줄인다는 믿음 때문이다. 범죄를 저지르면 가족에게 피해가 간다는 사회적 통념은 어디까지나 가족 간의 관계가 좋은 경우에나 성립한다.

  범죄자 중에는 신뢰를 받았던 경험이 부족하고 가족을 증오하는 사람들도 많다. 경제적인 이유로 간병인을 살해하거나, 육아 스트레스 상태에서 자녀를 죽이는 등 정상적 판단을 할 수 없는 상황에서도 범죄는 발생한다. 또 나중에 갚으면 된다는 생가으로 횡령이 반복되고 여성들은 자신이 당한 성추행을 고발하지 않을 거라는 착각과 오해로 범죄가 일어난다.

성추행으로 체포된 남성이 가장 먼저 걱정하는 것은 '사회로부터의 배척'이다. 가족에 대한 걱정보다는 자신의 사회적 지위나 자유를 빼앗길 것을 걱정한다. 한편, 돈을 목적으로 행한 범죄의 배경에는 가족에게 편안한 생활을 제공하고 싶다는 동기가 있다.

범죄자의 과거의 삶을 범죄의 원인으로 판단하고, 가해자가족을 비난한다고 해서 범죄가 줄어드는 것은 결코 아니다.

가족에게
복수하려고

저지른 범죄

　2013년 간사이 지역에서 80대 여성을 살해한 사건으로 체포된 20대 남성은 '가족에게 상처를 남기고 싶었다'고 범행동기를 밝혔다. 이처럼 범행이라는 직접적인 수단을 통해 간접적으로 가족에게 복수했던 사례는 적지 않다.

　아버지가 어머니에게 일상적인 폭력을 휘두르고 자신도 부모로부터 폭력을 당하고 자란 어느 수용자는 어릴 때부터 폭력사건을 일으켰다. 20대에 결혼 후 말다툼으로 시작하여 폭력을 휘두르고 살인까지 하게 되었다. 이 수용자는 연로한 부모와 형제들이 자신의 사건 때문에 살던 지역을 떠날 수밖에 없었다는 소식에 자업자득이며 죄를 받는 거라고 당연한 듯 말했다.

　가족에게 품었던 증오를 직면하고 해결하는 것이 아니라 범죄라는 수단을 통해 잠재적 복수를 하는 경우는 가정 안에서 학대받았던 수치심을 치유한 경험이 없기 때문이다. 아마도 억울한 경험에 대한 해결방법으로 폭력과 약탈 등 범죄행위밖에 선택지가 없었을 것이다. **이렇듯 범죄를 줄이기 위해서 필요한 것은 사건 후 가족에 대한 사회의 비난이 아니라 가정폭력이나 학대에 대한 '조기개입'이다.**

사기에
노출된

가해자가족

    '집안에 범죄자가 있으면 가족은 끝이다.'라는 공포를 교묘히 이용하는 범죄가 입금사기이다. '상대에게 큰 부상을 입혔다' '성추행으로 체포되었다' 등 가족이 범죄자가 된 것처럼 속여 가족에게 합의에 협조할 것을 종용하는 방법이다.

    가해자가족 중에는 입금사기를 당했지만 과거의 범죄사실이 다시 알려지는 것을 더 불안해하는 경우가 있다. 경찰에서 받았던 사정청취를 비롯해 다시는 겪고 싶지 않은 경험들이 떠올라 경찰에 신고를 주저하게 된다. 가해자가족이 입금사기 전화를 받는 경우, 과거에 가족이 가해자였던 경험 때문에 전화 내용에 쉽게 빠져든다.

    어느 내담자의 아들은 10대부터 폭행과 협박, 공갈 등으로 경찰로부터 자주 연락을 받았다. 고등학교 중퇴 후 가출하여 유흥가 음식점에서 일하고 있었다. 아들은 가끔 집에 왔는데 일하던 가게에서 문제를 일으켰다거나 자동차 사고를 냈다고 말하면서 부모에게 돈을 받아 갔다. 그 후 부모는 아들이 집에 오는 것은 허락했지만 돈은 주지 않았다.

아들은 다시 가출했고 부모님 집으로 아들이 어디에 있는지 알려 달라는 전화가 몇 차례 걸려 왔다. 그중에는 아들이 빌린 돈을 갚지 않는다면서 고소하겠다는 사람도 있었다. 그러던 어느 날 몇 명의 남자들이 집을 방문해서 아들을 데리고 오라고 부모를 협박했다. 부모는 아들에게 연락을 했지만 어디 있는지는 몰랐다.

부모는 아주 작은 시골 동네에 살고 있었다. 사소한 일이라도 바로 소문이 퍼지는 동네였다. 집 앞에 못 보던 자동차가 서 있고 집 안에서는 큰 소리가 나기 시작하니 근처의 주민들이 알게 될까 봐 부모는 자세한 상황도 알아보지 않고 그들이 요구하는 돈을 건넸다. 그 후로도 이와 비슷한 전화가 왔다. 어떤 경우에는 요구하는 돈의 액수가 상당히 커 마련할 수 없다고 사정하면 상대편은 경찰에 신고하겠다고 협박했다. 남편은 신고하라고 했지만 아내는 남편을 설득하여 다음 날 지정된 계좌로 돈을 보냈다.

아들이 미성년이었을 때는 체포되어도 실명이 공개되지 않았

• **아들이 사람을 죽였습니다**

지만 이젠 성인이 되었으니 체포된다면 부모에게도 두려운 일이다. 범죄자들은 본인이 일으킨 범죄로 인해 가족이 어떠한 영향을 받는지 알지 못한다. 결혼을 앞두고 있는 다른 자녀도 있기에 아들이 범죄자가 되는 것만은 막고 싶은 마음에 큰 금액이라도 상관없다고 여겼다.

얼마 후 아들이 사기죄로 체포되었다. 부모에게 변호사로부터 정식으로 합의하자는 연락이 왔을 때는 이미 부모는 저축해 둔 돈을 거의 다 쓴 상태였다. 처음부터 피해자라는 사람이 나타났을 때 상황을 확인했다면 피해자도 늘지 않고 체포되지도 않았을 것이다. 아마 아들의 형량도 가벼웠을 것이다.

체포된 아들은 게임중독이었다. 이런 의존증 환자의 가족들은 같은 중독에 빠지는 것은 아닐까 하는 공포심을 가지고 있을 뿐 아니라 재산이 바닥날 때까지 자식 뒤치다꺼리를 하는 경우가 많다. 가족이 책임을 대신 지는 것은 범죄행위를 조장할 뿐만 아니라 가해자와 가족을 공동의존관계라고 오해하게 만들기도 한다.

가족 간의 공동의존을 불러오는 요인으로서 범죄가 발생되었을 때 가족에게 연대책임을 묻는 사회적 분위기를 들 수 있다. 보통 형사사건에서도 가해자 본인이 재산이 없을 경우 가족이 피해변상이나 합의금을 대신 지불한다. 변호사 역시 가해자에게 유리한 판결을 얻기 위해 가족에게 경제적 협력을 요청한다.

그러나 가족이 협력해야 할 의무는 없다.

그렇지만 가족 연대책임의식이 강한 사람들 중에는 가족이 감당해야 한다고 생각하는 사람도 많다. 경제적 여유가 있는 사람들뿐 아니라 돈을 빌려서라도 해결해 주는 사람도 있다. 이러한 노력이 재범방지에 도움이 된다면 좋겠지만 오히려 가해자의 책임감을 약화시키고 범죄행위를 조장할 수 있기에 주의가 필요하다.

가족이 책임을 대신 져 주는 것은 직접적인 피해를 받지 않으려는 회피행동이기도 하다. **사회가 가해자가족에 대한 연대책임을 강하게 요구할수록 범죄방지에는 역효과가 될 수도 있다.**

• 아들이 사람을 죽였습니다

사회적 차별이
가져오는

부정적 효과

———

가해자가족지원에 대해 일본보다 발전한 서구의 여러 나라는 가해자의 자녀나 형제의 돌봄을 매우 중요시하고 있다. 부모나 형제인 가해자의 구속으로 아동들이 돌봄을 받지 못한 채 방치될 경우 반사회적인 활동이 증가한다는 것이 확인되었기 때문이다. 사건과 관계가 없음에도 불구하고 범죄자와 피가 섞여 있다는 이유로 받은 사회적 차별은 자존감에 깊은 상처를 줄 뿐만 아니라 사회에 대한 불신을 갖게 한다.

가해자가족이 범죄자가족이라는 낙인을 주지 않는 사회가 되어야 한다. 왜냐하면 필자의 이제까지의 지원 경험상 범죄의 배경에는 반드시 어떠한 차별이 존재했기 때문이다.

가해자가족 중에는 차별이나 개인적인 아픔 등의 어려움을 힘겹게 이겨 내고 성공한 사람도 있다. 세상은 열정을 갖고 노력하면 성공한다고 말하지만 사실 그 공식은 가해자가족에게는 해당되지 않는다. 그래서 가해자가족은 자신의 있는 그대로의 모습보다는 언제나 특별한 가면을 쓴 채 살아가야만 한다.

사람들은 타인에게 인정 받는 만큼 다른 사람들을 이해하게 된다. 자신을 억압해 왔던 사람은 가까이 있는 가족에게도 무리한 억압을 가한다. 남겨진 가족은 커다란 위협과 상처를 받는다. 사회적 비난으로 가해자가족을 밀어붙인다면 범죄자의 교정과 갱생의 기회는 사라진다. 커다란 희생을 낳은 사건일수록 가해자의 교정·교화를 위한 가족의 존재는 필수적이다. 가해자를 돌보는 등 가해자가족이 담당해야 할 역할이 많음에도 불구하고 지역에서 내쫓기고 비방과 차별을 받고 살아가야 한다면 가해자나 사회에 대한 애정과 신뢰가 증오로 변하는 것은 어찌 보면 당연한 일이다. **사건 후 가해자가족을 비난할 것이 아니라 가해자가족만이 할 수 있는 역할을 하게 하는 것이 사회의 책임이다.**

세윤 이야기
4

가족밖에 없다

고등학교 2학년인 창욱(가명)이는 누나 두 명, 엄마와 함께 살고 있다. 부모님이 사업을 크게 하셨었는데, 중학교 2학년 때 낯선 사람들이 집에 찾아오는 일이 잦아졌고 그러던 어느 날 엄마는 아빠가 사업문제로 교도소에 수감되었다고 알려 주었다.

아빠의 수감 후 집을 팔고 갈 데가 없어서 아는 사람들 집을 전전하며 살았다. 지금도 돈을 빌려 아는 사람 집에서 힘들게 살고 있다. 중학교 시절과 비교하면 경제적으로 턱없이 어려워졌다. 학원은 꿈도 꿀 수 없고 대학생이던 누나들도 학업을 중단한 상태이다. 하지만 가족과 함께 지낼 수 있다는 것만으로도 감사하게 생각하고 있다. 가끔 외할머니가 아빠에 대해 안 좋은 이야기를 하시지만 누나랑 엄마가 아빠 편을 들 때 가족밖에 없구나 하는 생각이 든다. 그러나 가슴이 답답하여 누군가와 우리 가족 이야기를 나누고 싶었다. 친구와는 나눌 수 없었고 중학교 3학년 시절 담임선생님이 믿을 만한 분인 것 같아 말씀드렸다.

선생님께서 '아빠가 계실 때처럼 똑같이 너의 인생을 살라'는 말씀을 해 주셨다. 힘이 생겼다. 아빠를 다시 보고 싶었지만 어리다고 가족들이 교도소에 데려가지 않았다. 교도소에서 진행하는 가족사랑캠프를 통해 아빠를 다시 만날 수 있었는데, 철창 밖에서 아빠를 만질 수 있어서 너무 좋았다.

창욱이는 수감자자녀를 돕고 있는 단체 행사에 해마다 참석하고 있다. 창욱이는 수감자가족에게 돈만 지원할 것이 아니라 그들에게 정말 필요한 프로그램을 제공하는 것이 더욱 도움이 된다는 제안을 하기도 했다.

● ● ●

"자네의 형은 남은 가족이 어떤 고초를 겪을지 생각하지 않

았네. 자네가 지금 겪고 있는 고통까지도 모두 형이 저지른

죄에 대한 형벌이란 말일세. 형을 증오하든지 말든지 자네

자유지만, 자신을 증오해서는 안 되네."

— 히가시노 게이고, 소설 『편지』 중

제
8
장

가해자
가족
지원

스승과의
운명적인

만남

———

 필자는 가해자가족지원을 시작하기 전까지 외국 국적 시민이나 성소수자 등 '마이너리티'에 관심을 가지고 있었다. 필자가 그런 관심을 가지기 시작한 것은 13세 무렵 통역과 영어교사 일을 하고 있던 재일 한국인 K 선생님과의 만남 덕분이다.

 K 선생님은 필자의 첫사랑이다. 너무 좋아해서 선생님이 참가하는 강연이나 이벤트 등에 모두 쫓아다녔다. 선생님이 운영하고 있는 외국 국적 아동을 위한 일본어교실 자원봉사자 모집을 보고는 바로 자원봉사자로 참여했다. 첫날 교실로 들어가 보니 몸집이 크고 험상궂은 몇 명의 청소년들이 찌를 듯한 시선으로 쳐다보고 있었다. 전에 몇 명의 흉악범을 만나 본 경험이 있었지만 그런 공포감을 느낀 적은 단 한 번도 없었다.

그들은 중학생 정도의 청소년들이었다. K 선생님과 그 청소
년들은 도쿄에 살고 있었고 겨울방학을 맞이하여 센다이까지
스키 합숙을 온 것이다. 청소년들은 복잡한 가정환경에서 자라
났고 학교에는 거의 다니지 않았기 때문에 가타카나(일본글자)
나 간단한 한자밖에 쓸 줄 몰랐다. 평범한 교육을 받았던 필자
는 그런 배경을 가진 청소년들이 존재하고 있다는 사실에 커다
란 충격을 받았다.

처음에는 눈이 마주치는 것조차 무서웠지만 서서히 그들과
친해지게 되었다. 그런데 어느 날 집에 돌아오고 나서야 지갑에
들어 있던 만 원짜리 지폐와 문구류가 없어진 것을 알았다. 언
제 훔쳐 갔을까? 캠프에 참여하고 있던 청소년들의 수법에 놀랐
다. 아마 이제까지도 남의 물건을 훔치면서 살았던 것이 틀림없
었다.

그들은 시설에서도 쫓겨날 정도의 문제아였다. 후원자들도
착한 아이들만 원했다. 분명 그 아이들을 후원해 주는 사람도
없을 것이다. K 선생님이 도와주는 사람이 없어 힘들다고 했다.
필자는 그 말을 듣고 그들과 적극적으로 관계맺기를 결심했다.
그들은 모두 학대를 받고 자라난 청소년들이다. 날마다 폭력과
학대를 당했으며 또 경제적으로 어려워서 성매매를 하며 살아
가는 아이들도 있었다. 그들은 자신의 몸에 있는 학대의 상처를
나에게 보여 주면서 성인들로부터 받아 왔던 혹독한 학대와 차

별을 말해 주었다.

　K 선생님도 가족으로부터 학대를 경험했다. K 선생님의 아버지는 큰 회사를 경영했지만 회사 운영이 어려워져 파산할 지경까지 이르렀다. K 선생님은 친척집에 맡겨졌고 어머니는 초등학교 때 병으로 돌아가셨다. 맡겨진 지 얼마 지나지 않아 아버지 회사는 망했고 가족은 야반도주를 해야 했다. 형은 아버지가 데리고 갔지만 둘째인 K 선생님은 위탁가정에서 맡겨졌다.

　좋은 위탁가정에서 안정적인 생활을 한 적도 있지만, 아버지 사업이 자리 잡히자 일을 도우라며 갑자기 집으로 불러들였다. 집으로 돌아왔을 때 아버지는 재혼을 하셨다. 계모는 K 선생님을 성적(性的)으로 학대했다. **필자는 그때까지 자녀가 아프면 돌봐 주고, 밥을 챙겨 주고, 학교에 행사가 있으면 참석하는 것이 부모의 역할이라고 생각했었다. 그때부터 필자가 가지고 있던 '가족신화'는 깨지기 시작했다.**

살인자
자녀의

미래

—

처음 자원봉사를 했던 날 그곳에 참여했던 청소년들이 왜 사람을 경멸하는지 그 이유를 알게 되면서 공포감은 자연스럽게 사라졌다. 처음에는 물건을 도둑맞지 않게 경계했지만 그들과 신뢰가 쌓이면서 그런 일은 없어졌다. 그러던 어느 날 한 소녀가 갑자기 내 옆으로 와서 마주 앉아 있던 한 소년을 지목했다.

"쟤네 아버지는 사람을 죽여서 교도소에 있어요."

그 순간 내 몸은 벌벌 떨렸고 소년과 눈을 마주칠 수 없었다. '살인'이라는 단어가 한동안 내 머릿속에서 사라지지 않았다. 나는 K 선생님에게 이 이야기를 전했다.

"저 아이가 무서워요."

"왜 무서워?"

"아버지가 사람을 죽였대요. 혹시 저 아이도 나중에 그렇게 되는 게 아닐까요?"

"너도 어른이 되면 너희 부모님과 똑같이 될까?"

K 선생님은 이렇게 물었고 잠시 생각을 했다.

"그것은 그럴 수도 있지만 그렇지 않을 수도 있어요."

"저 아이도 아버지와 똑같이 될 수도 있지만 그렇지 않을 수도 있어."

그 순간 이상하게도 공포심이 없어졌다. **K선생님은 사람에 대한 차별은 그 사람의 가능성을 빼앗는 것이라고 말해 주었다.** 소년이 아버지와 같은 삶을 살지 않기 위해서는 먼저 주변 사람들이 낙인을 찍지 않는 것이 중요하다.

가해자가족
지원의

시작

 필자는 초등학교 5학년 때 유대인 대량학살에 대한 이야기인 『안네의 일기』라는 작품을 읽고 '악인 가족의 운명'이라는 주제로 독후감을 썼다. 나치장교의 자녀들이 패전 후 어떠한 운명으로 살게 되는지에 초점을 맞췄었다. **나치장교의 자녀들은 부모가 가담한 잔혹행위를 어떻게 이해하고 있을까? 부모의 죄를 짊어진 자녀들은 어떠한 갈등을 가지고 살아가고 있을까? 그것이 궁금했다.**

 영화 『안녕, 아돌프』(2012년, 오스트리아, 독일, 영국 제작)는 패전 직후 독일을 배경으로 나치장교 자녀들의 상황을 그린 작품이다. 패전 후 부모의 자살과 체포로 고아가 된 아이들은 나치장교의 핏줄이라는 이유로 학대와 차별을 받는다. 아이들은 패전하기 전 독일은 우월하며 위대한 민족이라 배웠는데 패전 후 모든 것은 부정되었고 부모가 잔혹행위에 가담한 사실로 인하여 손가락질을 받게 된다. 무엇을 믿고 의지해야 하는지 아이들은 방향을 잃는다. 일반범죄와 전쟁범죄는 다르지만 가해자 가족이라는 점은 같다.

독일에는 나치장교 손자들의 자서전이 많이 출판되어 있다. 영화 『쉰들러리스트』에서 총으로 장난하듯이 유대인을 쏴 죽인 '플라초프 강제수용소' 소장이었던 아몬 괴트 손자의 자서전에는 잔인한 살인자의 피가 흐르는 자녀로 살아가야 했던 갈등과 가족에 대한 애증이 담겨 있다.

필자의 독후감은 애어른 같다는 이유로 평가를 제대로 받지 못했다. K 선생님에게 쓴 글에 대해 말씀드렸더니 시점도 독특하고 중요한 문제라고 했다.

K 선생님의 부모는 선생님의 진학을 반대했지만 K 선생님은 대학원까지 다녔다. 그러나 초등학교를 잘 다니지 못한 까닭에 한자를 정확히 쓸 줄 몰라서 가끔 K 선생님을 대신해 봉투에 이름을 쓰거나 서류를 써 주는 일 등을 도와 드렸다.

둘이 지내는 시간이 많아지면서 가족, 연애, 정치, 인생 등 여러 가지 이야기를 나눌 수 있었다. K 선생님은 필자가 가지고 있는 의문점에 대해서 언제나 솔직하고 정확하게 이야기해 주었다. K 선생님의 이야기는 단지 지식뿐 아니라 경험에 근거한 것이기에 학교 선생님보다 훨씬 설득력이 있었다.

이즈음부터 내성적이던 필자의 성격도 조금씩 변해 갔다. 학교에서도 중심적인 역할을 담당할 때가 많았다. K 선생님은 나에게 장래에 정치가나 사회활동가로서 활약하면 좋겠다고 말해 주었고 학교와 집에서는 결코 체험할 수 없는 여러 상황에 처한 사람들을 만날 수 있는 기회를 주셨다.

유학을 준비하던 소년의

자살

—

　K 선생님과 만난 지 1년쯤 되었을 때 가정, 왕따 문제로 학교를 다니지 않는 아이들의 상담이 점점 늘어 갔다. K 선생님은 수많은 어려움을 극복했고 설득력도 있었지만 아이들을 다루는 방법이 능숙하지 않았고 엄격한 면이 있었다.

　K 선생님이 가르치던 학생들을 만나면서 잊을 수 없는 사건이 일어났다. 소년은 재일 한국인 가정의 자녀로 고등학교 입학시험에서 낙방한 후 학교를 다니고 있지 않았다. 그의 부모님은 소년의 유학 준비를 하고 있었고 K 선생님은 소년에게 영어를 가르쳤다.

　어느 날 K 선생님과 필자는 소년과 함께 등산을 갔다. 또래 친구가 없었던 소년은 필자를 소통이 되는 친구로 생각했다. 소년은 나와 단둘이 있을 때 죽고 싶다고 말했다. 부모님은 유학을 가라고 말하지만 외국에서 혼자 생활할 용기도 없고 어떻게 해야 할지 모르겠다고 고민을 털어놓았다. 고등학교 시험에도 떨어졌고 부모의 기대에 부응할 수 없는 자신을 책망했다.

필자는 소년의 고민을 K 선생님에게 이야기했지만 K 선생님은 이해하지 못하셨다. K 선생님은 10대부터 해외에 유학할 기회를 가진 소년이 복 받은 거라고 했다. K 선생님은 등교거부도 나태한 행동이라고 생각하고 계셨다.

필자는 소년이 자살할지도 모른다고 했지만 진지하게 받아들여지지 않았다. 가족의 결정은 변경되지 않았다. **몇 개월 후 불안은 적중했다. 소년은 출국 전날 스스로 목숨을 끊었다.** 소년이 죽은 후 K 선생님은 마음을 잡지 못했다.

소년의 부모님도 어른이 된 후 고생하는 자식을 볼 수 없어 조금이라도 젊었을 때 학력과 능력을 쌓게 해 주고 싶은 마음에 자신들의 계획에만 집중했을 뿐 소년의 마음에는 귀를 기울이지 못했다. 결국 소년은 정신적 한계를 극복하지 못하고 자살이라는 극단적 선택을 하게 되었다.

소년과 좀 더 이야기를 나누지 못한 것을 후회하면서 가슴을 쳤다. 부모가 옳다는 생각으로 자녀를 밀어붙이는 사례를 가해자가족을 지원하면서 수도 없이 보았다.

이 경험은 필자에게 가해자가족을 상담할 경우 부모가 하는 모든 말을 그대로 받아들이지 않고 자녀의 말도 경청해야 한다는 교훈이 되었다.

선생님의 아버지가 돌아가신 후 K 선생님은 도쿄에서 센다이로 다시 돌아오지 못했지만 필자는 가족에 문제가 있는 몇십 명의 아동들을 계속 만났다. 그해 여름의 경험은 현재 가해자가족 지원에 녹아 있다.

도쿄에서
다시
센다이로

츠쿠바 대학 졸업 후 필자는 도쿄에서 외국 국적 아동들을 지원할 계획이었고 이런 활동을 하는 단체를 찾고 있었다. 필자가 만난 아동들은 모든 사회적 지원망에서 빠져 있었다. 어린 친구들이지만 대부분 법을 어겨서라도 살아남으려는 강인한 생존력을 가지고 있었다. 또한 동정심을 보이면 물어뜯을 것 같은 폭력성과 교활함도 가지고 있다. 속임수도 쓰며 공격성과 함께 외골수적 성격을 보이기도 한다. **그러나 상대를 이해하려고 마음먹으니 상처받으면서도 함께 성장할 수 있었다.**

필자는 평범한 자선활동가가 아니다. 사회적 지원을 받지 못해 힘들어하는 사람들에게도 지원이 필요하다. 사회활동 외에 학원강사, 가정교사 등의 아르바이트를 하면서 학교를 가지 않는 아이들이나 집에 틀어박혀 있는 은둔형 외톨이들을 담당했다. 그리고 아이들뿐만 아니라 부모를 상담하면서 자녀와 새롭게 인간관계를 쌓는 방법에 대해 조언을 했다. 덕분에 은둔형 외톨이였던 학생들 모두를 진학시킬 수 있었다.

이때 필자가 만난 아동들의 가정은 모두 경제적으로 여유가 있었다. 가정교사를 장기간 둘 정도로 넉넉해 문제해결까지 이룰 수 있었다. 하지만 분명 빈곤한 가정도 비슷한 문제로 고민을 하고 있을 것이다. 돈이 없는 사람들도 서비스를 받을 수 있는 방법은 없을까 고민하면서 나는 NGO나 NPO 운영에 관심을 가지게 되었다.

전국에서도 시민활동이 왕성한 지역은 필자의 고향인 미야자키현 센다이시였다. 당시 가토우 테츠야 씨가 전국적 시민활동 기반을 만든 곳이 바로 센다이였다. 그래서 시민활동을 지원하는 시설이나 정보에 대한 서비스가 많았다. 도쿄에도 정보가 넘쳐났지만 필자 활동의 원점인 센다이로 돌아가기로 했다.

가해자
가족이라는

존재

—

    NPO 법인 설립을 위해서 상담창구에 방문했다. 활동자금의 모집방법, 보조금 신청방법, 법인서류 수속 등에 대해서 자세히 알려 주어서 조직 구상을 할 수 있었다. 그리고 활동을 함께할 동료를 모집하고 소수자 인권에 대한 학술적 접근이 필요하다는 판단에 도후쿠 대학원 법학 연구과에 진학했다.

    필자의 시민활동에 커다란 영향을 준 것은 사부리 마사다카 선생(현재 공익재단법인 사사가와 평화재단의 국제사업부장)의 수업이었다. '사회병리론' 수업은 학생이 의사가 되어 사회적 병리를 치료하는 현장형 야외 연구였다.

    첫 번째 수업에서 소설가 히가시노 게이고 원작인 『편지』를 주제로 사회적 차별로 힘들어하는 범죄자 형제의 문제를 다루

             • 아들이 사람을 죽였습니다

었다. 살인자 형을 가진 주인공은 형과의 관계가 주변에 알려질 때마다 실직하거나 결혼이 깨지는 등 사회로부터 차별받았다. 그러나 주인공에게는 항상 자기편이 되어 주는 연인이 있었기에 자포자기하지 않고 살아갈 수 있었지만, 지지해 주는 사람이 없는 가해자가족은 자살을 하는 경우도 많이 있겠다는 생각이 들었다.

그 후 필자는 미야기현에서 범죄자가족을 대상으로 상담하는 곳이 존재하는지 알아보았지만 민간에는 그런 단체가 없었다. 가해자가족과 접점이 있는 형사변호사와 카운슬러에게 상황을 물어보았지만 그들의 업무는 피해자, 피고인, 수용자를 지원하는 업무이기에 가해자가족의 고민이나 실제 생활을 파악할 수 없다고 대답했다.

'가해자가족'이라는 존재가 사회에서는 전혀 인식되지 못하고 있었다. 결국 가족이 범죄를 저지르면 남겨진 가족도 범죄자와 동일하게 사회적 비난의 대상이 됨에도 불구하고 누구도 지원하거나 보호하지 않았다.

살인자
자녀와의

첫 만남

———

2008년 가을 필자는 대학원 동급생들과 가해자가족지원의 첫 번째 과정으로 정기적인 가해자가족모임을 센다이 시내에서 개최했다. 안내지를 만들고 공공시설 등에 배포하였더니 그것을 본 지역 언론인 가와기타 신문사로부터 취재 요청이 왔다.

취재기사가 같은 해 12월 '범죄 가해자가족지원'이라는 제목으로 석간 1면에 실렸다. 기사는 다음 날 인터넷 뉴스에 실렸고 전국의 가해자가족들로부터 문의 전화가 쇄도했다. 가해자가족지원 움직임은 도후쿠 지역에서는 처음 있는 일이었으며 전국에서도 처음이라는 것을 알게 된 것은 그때였다. 그 당시 대부분의 상담은 살인사건, 상해치사사건 등 피해자가 사망한 강력범죄 가족들로부터의 상담이었다.

• 아들이 사람을 죽였습니다

오랫동안 사회적 비난으로 괴로워하면서도 숨죽이면서 살아가고 있던 사람들은 어딘가에 자신들의 이야기를 들어줄 곳은 없는지, 비슷한 경험을 한 사람들은 없는지 궁금해하던 차에 기사를 보고 연락한 것이었다.

필자는 그들의 **빠른** 반응에 놀랐고 동시에 지원이 정말 필요하다는 확신을 가지게 되었다. 처음 만난 가해자가족은 살인사건을 일으킨 살인자의 부인과 아들이었다. 이 모자는 경찰로부터 남편의 체포사실을 듣자마자 한밤중에 집을 떠나 아는 사람 집에 몸을 숨겼다. 집 근처에는 언론 보도차량이 몰려들었고 작은 동네는 금방 소란스러워졌다.

당시 아들은 초등학생이었는데 학교의 반응은 차가웠다. 교장은 어머니에게 전학을 권유했다. 모자가 피해 있는 동안 초등학교 등굣길까지 기자들이 찾아왔고 아들과 같은 반 학생을 인터뷰했다.

학교의 PTA(부모모임)에서는 학교 측에 항의하였고 학교는 다시 한번 곤란해하며 전학을 권했다. 어머니는 아들의 전학을 결심했다. 반 친구들과 작별할 시간을 달라고 학교 측에 요청했지만 이것마저 거절당했다. 친구들에게 작별 인사를 하고 싶다며 우는 아들을 어머니는 아무도 없는 저녁에 학교 운동장으로 데리고 갔다. 아들은 학교를 한 바퀴 돌며 '친구들아, 잘 있어.'라는 인사를 남겼다.

필자는 이 만남을 통해 가해자가족지원을 일본에 정착시켜
야겠다는 강한 사명감을 갖게 되었다. 아직 아들은 어려서 이
상황을 이해할 수 없지만 언젠가 진실을 알게 될 것이고 어른
이 되어 회사에 취직하거나 결혼할 때 가해자가족이라는 현실
과 마주하게 될 것이다. **아들의 건강한 성장을 위해서라도 일시**
적 지원이 아닌 사회 안에 강하게 뿌리내린 지원 프로그램이 필
요하다.

• 아들이 사람을 죽였습니다

가해자가족에게는
필요 없는

위로

———

   2010년 NHK 〈클로즈업 현대〉에서 가해자가족 문제를 다룬 이후 취재 의뢰나 상담건수도 늘어났다. 가해자가족지원을 하고 싶다는 사람들도 갑자기 많이 생겨났다. 그래서 지원금으로 사무소를 열고 가해자가족상담을 시작했지만 반응이 점차 식어가는 것을 느끼게 되었다. 당시 우리 단체가 제공하고 있던 심리적 지원은 가해자가족의 니즈(필요)에 적합하지 않은 것이라는 것을 깨달았다.

   정기적으로 진행하고 있던 가해자가족모임 내에서도 지금 당장 필요한 정보와 해결책을 원하는 사람들과 단지 다른 사람들의 경험이 궁금하여 참여한 사람들이 있어 니즈가 다른 경우가 생겨났다.

"경찰서 사정청취가 너무 힘들어요."

"변호사를 바꾸는 것이 좋을까요?"

가해자가족은 문제와 고민 해결 방법을 요청했지만 우리 단체는 '힘드셨겠네요.'라는 공감과 위로만 줄 수 있었다. 하지만 지금은 참고인으로서 가족의 사정청취는 의무가 아니니 가지 않아도 되며, 가해자가족이 변호사를 신뢰할 수 없어 생기는 불만이 종종 발생하는데 이는 피의자와의 권리관계로 어쩔 수 없는 경우도 있기 때문에 다른 변호사를 소개한다고 해도 문제는 해결되지 않는다고 조언하고 있다. 법적인 문제가 생길 때마다 법조인의 도움을 받으라고 하지만 어떤 경우에는 가해자가족의 상황을 잘 알지 못하는 변호사로부터는 이해할 수 없는 답변이 오기도 한다.

변호사나 카운슬러가 상담의 전문성을 가지고 있음에도 불구하고 왜 가해자가족은 우리 단체의 도움을 바라는 걸까. 아마 우리 단체는 다른 곳에서 얻을 수 없는 정보나 경험을 가지고 있을 것이라는 기대감 때문일 것이다. 모임에 참여한 가해자가족들의 얼굴이 밝지 않을 때 필자는 초조함을 느꼈다. 그러나 이 초조함을 이해해 주는 사람은 없었다. 해외 가해자가족지원 프로그램을 연구해 보았지만 일본의 형사사법제도에서는 적용하기 힘들었다.

그 당시 우리 단체의 가해자가족지원은 신문이나 잡지에 소

• 아들이 사람을 죽였습니다

개되면서 여러 전문가가 모여들었다. 외부에서 보았을 때 마치 가해자가족에게 필요한 모든 것은 갖추어져 있는 듯했다. 그러나 실제 지원 내용은 거의 없었다.

가해자가족지원을 하고 있다는 단체가 늘어난다 해도 이야기를 들어주는 것으로 끝나 버리면 의미가 없다. 필자는 상담이 늘어 나는 것이 부담되었다. 간판만 있고 가해자가족의 니즈에 맞지 않는다면 그만두는 것도 한 방법이었다. 우리 단체의 방향이나 의미, 가해자가족의 어려움보다는 '일본 최초'라는 수식어로 언론의 주목을 받는 현실도 불편했다. '죽고 싶다'는 전화상담을 받아도 필자는 할 말이 없었다. **죽지 말라고, 살아 달라고 말한들 어깨를 펴지 못하고 살고 있는 그들의 현실을 뻔히 아는데 이런 위로가 얼마나 잔혹하게 들리겠는가.** 죽지 않고 산다 한들 그들 앞에 무엇이 있을까. 그 당시에는 답을 찾지 못했다. 상담을 원하는 사람들이 전국각지에서 몰려들었다. 몇 시간 운전도 마다하지 않았다. 책임의 무게가 버거웠다. 내담자와 마주하는 것이 괴로워 도망치고 싶은 적도 있었다.

터닝포인트가 된
센다이
지진

그즈음 동일본대지진이 일어났다. 센다이 시내의 집이 강하게 흔들렸다. 마치 땅이 갈라져 꺼져 들어가는 공포였다. 지진이 잦아들 무렵 단체 부대표 엔도와 사회보험노무사인 기쿠치로부터 안부를 묻는 문자가 왔다. 그때 엔도의 본가 주변은 지진으로 괴멸되었고 기쿠치의 집도 쓰나미로 잠겨 있던 상황이었다. 해안가에 살고 있던 한 스태프의 안부는 몇 주 후에나 확인할 수 있었다.

큰 지진으로부터 3일이 지난 후 겨우 전기가 들어왔다. 가해자가족상담 대표전화로 사용하던 휴대전화를 충전해 보니 그동안 확인하지 못했던 문자들이 한번에 쏟아졌다. 전화를 걸었더니 연결되었다며 기뻐하는 내담자의 목소리가 들려왔다. 텔레비전을 켜 보니 세계 여러 나라로부터 피해자를 위한 격려의 말들이 방송되고 있었다. 전 세계가 손을 내밀어 주고 있었다. 우리 단체의 안부가 걱정됐던 가해자가족은 사회 안에 고립되어 있다. 그런데도 필자의 안부를 걱정했다. **무사하다는 것을 확인한 상담자의 눈물과 기쁨은 필자에게 새로운 기운을 불어넣었다. 여기서 끝낼 수 없었다. 잃어버렸던 힘이 용솟음쳤다.** 단체의 스태프 모두 조금씩 피해를 입었지만 가해자가족지원을 전국에 알리자는 새로운 결의를 굳히게 되었다.

필자와 가해자가족의 노동문제를 다루었던 기쿠치와 주거지원을 담당했던 부동산운영자인 세키다카시가 법인의 이사로, 나가오 변호사가 감사로 취임하여 그때까지 임의단체였던 월드 오픈하트(World Open Heart)는 2011년 9월 미야자키현에 정식으로 법인 등록을 했다.

지진 지원을 계기로 강력범죄 변호로 유명한 쿠사바 변호사를 만나게 되었다. 무죄판결도 다수 이끌어 낸 실력자이다. 형사·소년사건 경험이 많은 변호사를 만나는 건 쉬운 일이 아니다. 쿠사바 변호사로부터 형사사건 절차 안에서 가해자가족이 겪게 되는 문제에 대해서 많은 정보를 얻을 수 있었다.

늘어나고 있는 가해자가족 지원

—

2012년 일본의 가해자가족지원 조사를 목적으로 도요타 재단으로부터 사업비를 받았다. 전국의 가해자가족 사례연구에 2년이 걸렸다. 그동안 가해자가족이 실비를 부담하고 상담을 받았지만 도요타 재단의 지원을 통해서 경제적으로 어려운 가정에 우선적으로 도움을 줄 수 있게 되었다.

2015년 서울에 가해자가족을 지원하는 단체가 생겨났다. 가해자가족지원은 서양을 중심으로 발전하고 있고 아시아에서는 아직까지 보기 힘든 움직임이었다. 한국에서 처음으로 가해자가족지원단체 '아동복지실천회 세움'을 설립한 것은 아동복지 전문가이자 사회복지사인 이경림 대표이다. 이 대표는 한국어로 번역되어 있는 스즈키 노부모토의 『가해자가족』을 읽고 필자를 만나러 왔다.

2015년 봄 도쿄에서 이 대표와 만났고 가해자가족지원을 일본과 한국에서 공동으로 진행하는 논의를 했다. 2015년 11월 정식으로 세움으로부터 강연의뢰를 받아 서울 시내에서 스즈키 노부모토 씨와 함께 강연을 했다. 세움의 지원대상은 수용자자녀들이다. 교도소와 연계하여 아동을 추천받아 캠프를 하기도 하고 기부금을 모아서 아동의 가정에 장학금을 지원하는 활동도 하고 있다.

일본과 한국은 범죄발생률은 높지 않은 나라이다. 특히 일본은 세계에서 가장 치안이 안전하다고 말할 정도이다. 그러나 범죄자에 대한 사회적 시선은 여전히 차갑고 가족에 대한 편견도 강해 가해자가족을 돕는다는 것이 사회적 상황과 맞지 않았다. 그래서 서양과는 다른 접근 방법이 필요하며 현재 한국, 대만과 연대하여 아시아의 가해자가족지원체계 구상을 목표로 하고 있다.

동일본 대지진 직후 오사카에서 센다이까지 공부를 하러 오는 임상심리사 이토친고 씨는 서일본에서 처음으로 가해자가족지원단체 NPO 법인 스키마 서포트 센터를 설립했다.

여러 가지 어려운 일을 거쳐 가해자가족지원의 네트워크가 넓어지기 시작했다.

제
9
장

가
해
자

가
족
을

지
원
하
는

일

가해자가족
지원의

의미

왜 가해자가족지원이 필요한가? 지원하면 무엇이 변하는가?
효과는 있는가? 이 장에서는 종종 우리 단체로 오는 질문을 중
심으로 가해자가족지원의 의의에 대해 나눠 보고자 한다.

먼저, 가해자가족지원이란 무엇인가? 필자는 가해자가족지
원을 주장하기에 앞서 '지원'이라는 단어를 '응원'이나 '보호'와
구별해 '가해자가족이 가지고 있는 문제에 개입하는 것'이라고
정의한다.

우리 단체가 가해자가족상담뿐 아니라 가해자가족지원을 강
조하는 이유는 내담자에 대한 조언뿐 아니라 면회와 재판의 동
행, 가정방문 등을 하기 때문이다. 단체 설립 초기 '가해자가족
지원'을 한다고 하면 사회적으로 많은 비난을 받을지도 모르니

'범죄에 휘말린 사람 지원'으로 대상을 흐릿하게 하는 게 어떻겠냐는 의견도 있었다.

실제 아버지가 어머니를 살해한 가족 간 범죄에서 남겨진 가족이란 피해자가족인 동시에 가해자가족이기도 하기 때문에 피해자와 가해자를 단순히 구분할 수는 없다. 그러나 지원대상을 피해자에 가까운 존재로 한정한다면 소년사건의 보호자와 같이 사건에 대해 일정 부분 책임을 져야 하는 가족은 지원을 요청하기 어렵다.

사회적으로 비난을 당하고 도움이 필요한 상황에 처해 있다는 것은 오히려 책임을 부정할 수 없는 입장에 처해진 가해자가족이다. 지원방법으로서 피해자가 아니면 지원하지 않거나 동정받는 상황이어야만 지원하는 것이 아니라 누구라도 피해자 또는 가해자가 될 수 있다는 것을 전제로 '가해자'라는 입장을 정면으로 받아들이는 지원이 필요하다고 필자는 생각한다[가해자가족지원: 가해자가족지원이 우리나라 형사소송 및 형집행 제도의 틀 안에서 불가능한 것은 아니다. 다만 그에 대한 관심과 의지가 적었던 것이므로 이에 관한 논의가 필요하다. 현재 수용자자녀의 권리 보장과 입법화 논의는 국가인권위원회, 법무부 등에서 논의를 개시하였으나, 가해자가족지원에 관해서는 그야말로 초보적인 상태이다.—감수자 주].

2014년부터 2년간 과실로 교통사고를 일으킨 가해자가족의 실태를 조사했다. 약 200건의 교통사고가 확인되었고 가해자와 그 가족 중에는 자살을 한 사람도 몇 명 있었다. 자신으로 인해 사람이 죽었다는 사실은 받아들이기 어렵고 혼자서 감당하기엔 가혹한 십자가이다.

그러나 사고를 일으킨 가해자는 괴로움이나 후회를 털어놓을 곳도 없고 의료기관에서 상담이나 진료를 받을 경우에도 가해자인 것을 의사나 상담사에게 숨긴다. 평범한 사람들일수록 가해자는 누군가에게 도움을 요청해서는 안 된다고 생각한다. 또한 자신이 가해자인 것이 알려질 경우 비난받거나 경멸당하게 될 것이 두려워서 사실을 숨기는 경향이 있다.

가해자의 심리는 가족들에게도 동일하게 나타났다. 정신적 문제를 가졌을지라도 가해자가족이라는 이유로 쉽게 도움을 받아들이지 못한다. 이러한 이유로 도움을 받는 사람들에게 가해자 측을 지원한다는 것을 확실하게 밝혀야만 가해자나 그 가족이 마음을 열고 모든 것을 이야기할 수 있게 된다.

가해자가족을
지원하는

이유

　가해자가족지원의 과정 중 수감된 가해자를 대신해 가족이
피해자에게 사과하는 경우도 있었고 필자가 동행하여 피해자나
가족과 관계를 맺는 경우도 있었다. 그러면서 피해자에게도 경
제적·심리적 지원이 충분하지 않다는 것을 알게 되었다. 이런
현실에서 가해자가족지원의 필요성을 강조하는 것은 피해자(유
족)의 마음에 상처를 입히는 것이다.

　일본에서는 2004년「범죄피해자 등에 관한 기본법」이 만들
어졌다. 범죄피해자의 권리를 명시하였으며 전국적인 지원체
계를 정비하도록 되어 있다. 이 법이 만들어지기 전까지 가해자
는 피의자, 피고인, 수용자로서의 권리보장과 교정의 기회를 부
여받지만 피해자는 조사기관으로부터 단지 증거로서 취급받을

　　　　　　　　　　　　　• 아들이 사람을 죽였습니다

뿐 재판에서도 배제되고 프라이버시 침해 등으로 방치되었다.

　이러한 피해자지원운동의 흐름을 보면 가해자가족지원의 발전이 피해자를 지원하지 않고 가해자 측만 보호하는 것으로 보일 수 있으며 이에 따른 비판이 있을 수 있다. 그러나 적어도 우리 단체가 진행하고 있는 가해자가족지원은 피해자의 권리를 침해하는 것이 아니며 피해자지원을 저해하는 활동도 아니다.

　가해자가족이 목숨을 끊거나 취업이 어려운 상황에 내몰리게 되면 가해자의 교정을 지지해 줄 사람을 잃게 될 뿐만 아니라 피해자에 대한 손해배상 책임도 할 수 없게 된다. 따라서 사회는 쌍방의 지원을 병립할 필요가 있다고 생각한다.

피해자가족과 가해자가족의 대화

―

    피해자와 가해자에 대한 '회복적 정의'라는 관점이 있다. 범죄피해자와 가해자 그리고 그 가족 등 사건과 관련된 사람들이 모여 대화를 통해서 피해자의 상처를 완화시키는 동시에 가해자의 사회적 책임을 명확히 하여 범죄로 인해 발생할 수 있는 문제를 해결하는 것이다. 대화 진행도 퍼실리테이터라 불리는 진행자의 역량이 중요하다. 그러나 일본에서는 그 실천사례가 적다.

    미국 등에서 실천되고 있는 회복적 사법(Restorative Justice)에 근거하여 쌍방 간의 대화의 기회를 갖는 것은 현행 사법제도하에서는 어려운 일이지만 서로 간 남겨진 상처를 치유하는 부분에서는 도움이 된다. 필자는 가해자가족지원을 통해서 피해자와 그 가족, 범죄와 관련되어 물의를 일으켰던 사회, 그리고 지역 사람들이 대화할 기회를 가능한 한 갖도록 하고 있다. 이러한 사람들과의 관계회복은 가해자가족이 지역사회 안에서 살아가기 위해 필요한 일이다.

사건이 일어난 후 가해자가족이 지금까지 살고 있었던 지역에서 생활을 계속할 수 없어 이사를 하고 싶다는 상담이 적지 않다. 그러나 경제적 상황 등으로 이사할 수 없는 경우도 많다.

지역사회 안에서 필요한 정보를 받지 못하고 자녀가 왕따를 당하기도 하며 지역의 행사에 참가할 수 없는 등 지역사회 안에서 일상생활이 어려운 경우도 많다.

필자는 범죄로 인해 피해를 입었다고 생각하는 주변 사람들에게 가해자가족과 함께 사과를 하러 다닌 적이 있다. 범죄로 인해 피해를 입힌 것에 대해서 사죄하고 이제부터 지역주민으로서 어려운 일이 있을 때 함께 문제를 풀어 가고 싶다고 이야기하였다.

실제로 가해자가족에 대하여 모든 사람이 적의를 품고 있는 것은 아니다. 문전박대를 당했던 경우도 있었지만 힘든 일이 있으면 언제든지 돕겠다고 말해 준 사람들도 있었다.

사람을 믿지 못하던 가해자가족이 이런 방문을 통해서 다시 신뢰를 회복하게 되기도 한다. **사람을 다시 만난다는 것은 다시 사회생활을 시작하게 하는 커다란 발걸음이 된다.**

국가별
가해자가족

지원

—

가해자가족지원을 시작하면서 국내 경험이 하나도 없어서 참고했던 것은 외국의 선행연구와 지원단체의 활동이었다. 특히 활동의 내용을 참고했던 단체는 영국 맨체스터에 거점을 둔 팝스(POPS, Partners of Prisoners and Families Support Group)라는 단체이다.

팝스는 파리다 앤더슨이 1988년 설립한 단체로 그녀는 자신의 남편이 약물로 체포되어 가해자가족의 어려움을 경험한 사람이다. 영국에는 가해자가족을 지원하는 여러 단체가 있지만 팝스는 체포 시점부터 교도소에서 출소할 때까지 포괄적인 지원체계를 구축하고 있으며 영국 전국의 가해자가족 정보를 취합하는 등 중요한 역할을 하는 조직이다.

필자는 2012년 미국 텍사스주에서 열린 '전미 가해자가족학회'라는 모임에서 미국의 가해자가족을 만날 수 있었다. 댈러스 국제공항으로부터 자동차로 몇십 분 떨어진 작은 호텔 회의장에 참가한 대부분의 참가자는 가족이 수감되어 있는 가해자가족들이었으며 전국 각지에서 가해자가족지원활동을 하고 있는 단체 활동가들과 연구자들도 눈에 많이 띄었다. 참가자 중에는 흉악범죄 혹은 사형수의 가족도 있었고 그 사실을 밝히며 활동을 하고 있는 사람들이 대부분이었다.

회의장에 들어간 순간 필자는 따뜻한 분위기에 문화충격을 받았다. 참가자 동료끼리 휴대전화로 사진을 찍고 바로 페이스북에 사진을 올리는 모습 때문이었다. 참가자 중 몇 명에게 이러한 활동에 대한 반발은 없는지 질문을 하였는데, 그러한 경험은 거의 없었으며 오히려 사회가 가해자가족에 대해 관심이 없는 것이 문제라고 말했다.

필자는 일본에서 두 달에 한 번씩 가해자가족모임을 열고 있다. 모임은 완전 비공개로 진행되며, 참가자는 가해자가족으로 한정되어 있다. 모임을 알리는 개최일시를 알려 줄 뿐 모임의 상세한 내용에 대해서는 참가자에게만 알리는 형식이다. 그렇지 않으면 가해자가족이 안심하고 참가할 수 없기 때문이다.

그럼에도 불구하고 처음 참가하는 사람들은 모자를 눌러쓰거나 마스크를 하고 모임장소에 오거나 긴장이 풀릴 때까지 시간이 꽤 필요하다. 참가자들의 긴장이 풀렸어도 프라이버시를 이야기할 때는 매우 조심스러운 태도를 보인다.

일본과 비교해서 범죄발생률이 높고 수용자 수가 압도적으로 많은 서양은 범죄자와 그 가족에 대한 저항감이 일본보다 적으며 기부도 활발하기 때문에 탄탄한 경제적 기반을 가지고 있다. 그렇다고 해서 서양에 가해자가족에 대한 차별이 없는 것은 아니다.

어느 나라든지 가족 안에서 범죄자가 나온 경우 소문이나 인신공격하기 좋은 재료가 되며, 욕을 퍼붓거나 이상한 눈으로 바라보는 경우가 많다. 또한 타인으로부터 비난받지 않아도 가족으로서 죄책감과 자존심의 상실을 맛보게 된다. 이런 가해자가족의 심리는 모든 나라 공통일지라도 일본이 구미(歐美) 여러 나라와 결정적으로 다른 점은 그들을 대하는 사회의 차가운 시선이다.

서양의 가해자가족은 자신들의 모습이나 실명이 알려져도 언론보도가 되는 경우는 적다. 1988년 아소칸주에서 발생했던 총기난사 사건 범인의 어머니가 실명으로 텔레비전 인터뷰를 했을 당시 시청자로부터 수많은 격려 편지가 왔다고 한다. 비판적인 내용이나 상처를 주는 내용의 편지도 있었겠지만 옹호해 주는 사람들도 많았던 것이다.

일본에서는 가족 안에서 범죄자가 나온 경우 죄를 범한 당사자 이상으로 가족에 대한 비난에 집중한다. 미디어 과열로 보일 정도로 가해자가족을 추궁하는 경향이 서양보다 강하다.

필자는 교도소를 비롯하여 여러 곳에서 강연활동을 하고 있다. 한번은 단체 활동을 소개하는 블로그에 강연안내를 올렸을 때 실수로 '지원'이라는 단어를 빼고 **'가해자가족에 대한 강연'이라고 쓴 적이 있었다. 그러자 바로 "가해자가족을 주제로 강연을 하다니 도대체 뭐야?" "가해자가족이 해야 할 일은 잘못을 비는 일이야" "가해자가족에 대한 강연은 필요하지 않아" "일평생 잘못을 빌며 살아야 해"**라며 분노의 전화와 메일이 쇄도하였다. 이러한 비난의 배경에는 가해자가족에게는 무엇인가를 주장할 권리가 전혀 없다는 생각에 근거한다.

서양과 마찬가지로 '권리를 주장하는 가해자가족' '비난에 맞서는 가해자가족'이 활발히 활동하기 위해서는 시간이 좀 더 필요하다.

세윤 이야기
5

헤어진 삼 남매

한석(가명)이는 고등학교 2학년이다. 초등학교 시절 부모가 이혼해서 아버지, 누나, 남동생과 함께 살았다. 한석이가 중학교 3학년 때 아버지가 갑자기 수감되며 양육환경이 변하게 되었다. 삼남매는 뿔뿔이 흩어져 힘들게 살게 되었다.

어느 날 아침 경찰이 집으로 들이닥쳤다. 어린 자녀들이 보고 있는데 수갑이 채워졌고 피해자의 이름을 포함한 아버지의 범죄사실까지 알게 되었다. 한석이는 아버지의 체포현장을 아직도 기억하고 있다. 당시 그 충격으로 밥도 못 먹고 학교도 갈 수 없었다.

그 후 둘째 삼촌이 삼남매를 돌봐 준다고 집에 들어왔는데 삼촌은 학대와 폭언을 일삼았다. 삼촌의 학대로 누나와 남동생은 줄줄이 가출하고 혼자 남은 한석이는 잠을 재우지 않는 등 신체적 학대를 견디며 살게 되었다. 무서웠지만 도망갈 데가 없어 집에 있을 수밖에 없었다.

고통 속에 살던 한석이는 지역아동센터 선생님께 상황을 말씀드리고 아동보호전문기관과 일시보호쉼터를 거쳐 단기쉼터로 옮기게 되었다. 삼촌의 폭력을 피하고 학교를 다시 다닐 수 있어 좋았다. 그때 쉼터 선생님의 '앞으론 아빠 신경쓰지 말고 네 인생을 살라'는 말에 큰 힘을 얻었다.

• 아들이 사람을 죽였습니다

고등학교에 입학하게 되면서 새로운 장기쉼터로 이동을 하게 되었는데 그곳 쉼터 형들의 폭력으로 적응하기가 어려웠다. 폭력을 피해 도망 왔는데 또 다른 폭력에 시달리고 살아야 하는 자신이 삶이 서러웠다. 집을 나간 누나와 동생에 대한 원망이 점차 그리움으로 바뀌게 되고 아빠 소식을 못 들으니 아빠를 영원히 만나지 못해 고아로 살게 되면 어쩌나 하는 불안감에 휩싸였다. 그러던 중 지역쉼터 연합회에서 하는 공동행사에 참여하였다가 다른 쉼터에 소속된 동생과 기적적으로 만나게 되었다. 삼촌의 학대를 피해 가출한 동생도 초등학교 6학년 이후로 학교를 다닌 적이 없고, 범죄만 저질러 분류심사원이나 치료감호시설 등을 전전했다고 한다.

때마침 교도소에 수감되어 있는 한석이의 아버지가 수감자자녀를 돕는 기관에 자녀를 찾아 달라는 편지를 보냈고 이를 알게 된 기관에서 지역기관과 쉼터 등을 수소문하여 삼남매를 찾았다. 삼남매는 2년 만에 처음으로 교도소에 아버지 접견을 가게 되었다. 현재는 기관의 도움으로 개별 사례관리를 지원받으며 한 달에 한 번 정기적으로 접견을 다니고 있다. 교도소에서도 이 가족을 위해 장소변경접근면회를 허락해 주어 철창이 없는 접견실에서 면회를 하고 있다. 아직도 아빠의 범죄에 대해서는 믿을 수 없고 이해도 안 되지만 아버지가 자신들을 사랑한다는 사실만은 믿고 있다고 한다. 한석이는 집을 나올 때 아버지 사진을 가지고 나왔다. 아버지 얼굴을 잊지 않기 위해 사진을 수시로 꺼내 봤다.

현재는 누나가 성인이 되어 보호자로서 기초수급신청도 하여 임대주택 지원을 받게 되고 삼남매가 함께 살고 있다. 아빠의 수감 후 벌어진 드라마

틱한 인생에 종지부를 찍었으며, 그 경험이 가족에 대한 절실함을 키워 줬다고 한석이는 말했다. 아버지가 출소할 때까지 남동생이 사고 없이 무사히 중학교를 졸업하는 것이 한석이의 남은 소원이다.

"수용자자녀를 돌보고 있는 양육자 가정의 국가지원여부를 확인한 결과 국가에서 '아무 지원도 받지 않는다'는 응답이 76.2%로 가장 많았고 지원을 받고 있다는 응답은 '국민기초생활보장' 11.9%, '한부모가정지원' 5.3%, '긴급복지지원' 4.5% 순으로 나타났다. 우리나라 국민기초생활보장 평균 수급비율이 2.3%가량으로 나타나고 있는 데 비해 5배나 높아 수용자자녀의 가정이 심각한 빈곤상태임을 추측해 볼 수 있다."

— 『교정담론』 제11권 제3호 중

제
10
장

범죄자로
만들지 않기 위해
가족이 할 수 있는 일

살인
예고
포착

—

흉악범죄가 발생한 원인을 찾아보면 가해자가 그전에 이미 문제행동을 일으켰던 경우가 많다. 그것은 자녀뿐 아니라 배우자나 부모가 범죄자인 경우에도 그렇다. 예를 들면, 동물을 학대하거나 가정 안에서 물건을 훔치거나 폭언, 폭력을 일삼는 경우 등을 들 수 있다. 범죄가 발생한 후 이러한 가해행위를 나중에 되돌아보면 범죄행위를 예견한 것이라 볼 수 있다. 일상적인 작은 가해행위들이 쌓이면 범죄로 연결된다. 가해행위에 개입할 때 중요한 것은 '벌'이 아니라 '보호'의 관점이다. 우리는 가해행위에는 벌을 주어야 한다고 생각하기에 가해행위를 목격했을 경우 반사적으로 야단치거나 비난하는 것이 당연하다고 생각한다. 그러나 그것은 문제해결을 어렵게 하거나 숨기게 될 위험성이 있다. 그보다는 가해자가 가해행위를 한 원인을 밝히는 것이 중요하다.

가정 내에서 형제들끼리 하는 싸움의 예를 들어 보자. 동생이 형에게 미움을 받았다고 울었다면 부모는 형을 야단치고 동생을 감쌀 가능성이 높다. 그러나 이때 생각해 볼 것은 왜 싸움이 일어났는가를 되돌아보는 것이다. 형이 동생을 속상하게 한 것인가? 동생에게 질투를 느낀 것인가? 다른 것에 대한 화풀이를 하는 것인가?

만일 부모의 앞에서 이런 일을 반복한다면 불평등한 대우에 대한 반항일 가능성이 있다. 자녀의 경우 말로 표현할 수 없는 분노가 가해행위로 나타나기 쉽다. 따라서 야단치기 전에 쌍방의 말을 들어 보아야 한다. 아마도 울고 있는 동생 쪽에 문제가 있을지도 모른다.

이처럼 일상적으로 자주 일어날 수 있는 일은 가족이라도 바로 개입하지 못한 채 지나치기 쉽다. 그러나 "너희들의 이야기를 잘 들어 볼 거야"라며 형제 모두의 이야기를 경청한다면 자녀들의 마음에 주는 영향은 분명 다를 것이다.

가해행위는 어떠한 문제의 징조이다. 가해자로서 가장 괴로운 것은 그 징조가 무시되거나 자신의 말이 받아들여지지 않는 것이다. 만일 가족이 **"사람을 죽이고 싶다"라는 끔찍한 말을 반복한다면 어떻게 하면 좋을까?** 충격이 너무나 큰 나머지 아무 말

• 아들이 사람을 죽였습니다

도 하지 못하게 될 것이다. 그러나 이런 이상한 생각을 말로 반복하는 경우야말로 '왜 그러한 생각을 하게 되었는지' 그 이유를 물어볼 용기를 가져야 할 때이다.

'사람을 죽이고 싶다'라는 말이나 동물을 학대하는 행위를 할 경우 가족이기 때문에 객관적으로 이야기를 듣는 것이 어려울 수 있다. 그런 경우 학교 교사나 카운슬러 등 제3자를 통해 대화 기회를 갖기를 추천한다.

눈에 보이는 명백한 이상행동을 반복할 경우 범죄로 발전할 가능성이 상당히 크다. 아무리 바쁘더라도 제3자의 개입을 통해서 문제와 직면할 시간을 갖는 것이 매우 중요하다.

부정,
비판

그리고 비교

—

우리 단체는 2개월에 한 번 가해자가족들만의 모임을 가지고 있다. 비밀이 지켜지는 공간에서 같은 경험을 가진 가해자가족이 자신의 경험을 이야기하며 다른 참가자들의 경험을 듣는 것만으로도 자신의 문제를 객관적으로 보게 되며 상처의 회복까지 연결된다.

이 모임은 퍼실리테이터가 참가자들에게 세 가지의 약속을 설명한 후 시작한다. 즉, 이 모임에서는 참가자가 자신의 감정을 솔직히 이야기할 수 있도록 다른 참가자들의 말에 대해서 '**부정하지 않고, 비판하지 않고, 비교하지 않는다**'는 원칙을 가지고 있다. "**너는 부족한 사람이야**"라는 부정, "**그런 생각은 너무 약한 생각이야**"라는 비판, "**나는 너보다 행복해.**"라는 비교를 하지 않

는다는 약속이다.

범죄자와 그 가족들은 항상 부정, 비판, 비교 속에서 같이 살아가는 경우가 많다. 자기긍정감을 높이기 위해서 이 세 가지를 타인에게도 자기 자신에게도 하지 않도록 의식하는 것이 중요하다.

가정 안에서의 일상적인 대화를 바꾸어 보길 추천한다. 예를 들면, "○○ 씨의 집은 좋겠네! 매년 해외여행을 가고 말야."라는 말이 단순히 부러움의 말일지도 모르지만 자신이 못났다고 생각하는 남편에게 말한다면 그는 부인으로부터 비교·무시를 당한다고 생각할지도 모른다. 실제로 사기사건을 일으켰던 가해자는 이런 부인의 말에 깊은 상처를 받고 언젠가 자신이 받은 상처를 되돌려 주겠다는 생각을 했다고 한다.

상해치사사건을 일으킨 어떤 수용자는 어릴 때 시험에서 98점을 받아오면 어머니에게 "분하다. 다음에는 100점을 맞도록 해."라는 말을 들었으며 반에서 2등을 했을 때는 "다음번에는 1등 해라!"라는 말을 듣고 괴로웠다고 한다. 어머니는 '좀 더 열심히'라는 의미에서 말한 것이었겠지만 아무리 열심히 노력해도 인정받지 못하고 받아들여지지 못한 적이 많았다고 한다.

또한 가족 내의 문제를 사회비판으로 바꾸어 버리는 사람들도 있다.

"관용하지 못하는 사회가 나쁘다."

"사법제도가 나빠."

틀린 말은 아니지만 사회를 비판함으로써 가족문제에 직면하지 않고 도망쳐 버리게 되어 문제해결로부터 멀어지게 된다. 사회에 대한 비판적 태도가 너무 강한 사람들의 지원은 특히 어렵다. 도움의 손을 내밀어도 본인은 모든 것에 비판적이고 공격적이어서 그 기회를 본인 스스로 잃게 된다. 이렇게 비판적인 사람들은 자존심이 세고, 문제의 핵심을 보려는 용기가 없는 경우가 많다.

자녀
교육

실패

—

범죄자의 부모들은 어떻게 자녀를 양육하였을까?

교도소 내 수용자 교육을 담당하는 오카모토가 쓴 『착한 아이로 키우면 범죄자가 된다, 신쵸우신쇼(新潮新書)』에는 '착하네'라는 말은 누구나 일상적으로 쓰는 말이지만 가끔 범죄자가 되는 동기가 될 수도 있다고 적혀 있다. 이 책에 쓰여 있는 내용은 필자가 가해자가족지원을 통해서 경험했던 사실 및 생각과 거의 일치한다. 가해자가족이 자녀양육에서 공통적으로 강조한 것은 '사람에게 폐를 끼치면 안 된다'는 예의범절이었다. 이것은 모든 가정과 학교에서 가르치는 내용이다.

자녀가 범죄자가 된 부모들이 가르친 예의범절은 아마도 누구나 배우는 것들과 다르지 않을 것이다. 그럼에도 자녀가 일으킨 결과에 대해서 많은 부모는 "이렇게 키우지 않았는데⋯⋯." 라고 생각한다. 범죄자가 된 자녀들은 자신은 부모에게 인정받고 싶었는데 그런 마음을 전혀 알아주지 않았다고 말한다. 그것은 지나친 간섭을 하는 부모에게 주로 나타난다. 항상 자녀 옆에 있어서 자녀의 행동을 잘 알고 있다고 해도 실제로 자녀가 무엇을 생각하고 있는지는 전혀 모르는 경우도 있다.

오카모토는 '사람에게 폐를 끼쳐서는 안 된다.'라는 말을 매번 듣고 자란 자녀는 부모의 기대에 부응하는 '착한아이'가 되지 못하면 인정받지 못할 것이라 생각하고, 그런 경험이 중복된 결과가 범죄라는 형태로 나타난다고 말하고 있다. 부모의 기대에 부응해야 한다는 것은 반드시 어느 대학에 들어가야 하며, 좋은 회사에 입사해야 하는 것을 의미하지 않는다. '특별한 것은 바라지도 않는다. 제발 문제만 일으키지 말아라.'라는 식의 분위기라면 자녀들은 자신의 감정을 억제하기 시작한다.

만일 가족을 죽이고 싶다는 생각을 가지고 있다면 어떻게 해야 할까?

이상하다고 생각할지 모르겠지만 가족을 죽이고 싶다고 말한 범죄자는 결코 적지 않다. 일본에서 발생한 살인사건의 절반은 실제로 가족 안에서 일어났다. 타인에게는 용서되는 일도 가족이기 때문에 용서할 수 없는 경우가 많다. 가족의 문제가 비뚤어져 있는 경우 제3자의 개입 없이 자연스럽게 해결되기는 어

• 아들이 사람을 죽였습니다

렵다. 오히려 더 나빠질 가능성이 많다. 가족문제야말로 일단 가정 밖으로 내보이지 않으면 해결하기 어렵다.

　가해자가족지원을 통해서 필자가 알게 된 것은 범죄라는 형태로 가족문제가 외현화되며 비로소 제3자가 개입할 기회가 생기게 된다는 것이다. **문제가 생기기 전에 가족문제를 적절히 지원한다면 범죄를 막을 수 있는 가능성은 충분히 있다.**

사랑 없이는
변하지 않는

사람

———

미국에서는 강력범죄를 일으킨 자녀의 부모가 사건 이후 당당히 자녀에 대한 사랑을 공개하기도 한다. 큐슈공업대학의 이토오 교수는 『세간학(世間學)』에서 공(公)과 사(私) 구분의 원리로 보면 근대가족의 바탕에는 부모는 어떠한 일이 있어도 자녀를 지켜야 하는 것이 당연했다. 하지만 근대의 일본가족은 성숙할 수 없었고 그로 인해 '공'으로의 사회를 우선시하게 된다고 분석하고 있다.

사랑은 죄를 지은 사람을 변하게 하는 커다란 힘이 있다. 범죄가 크면 클수록 가해자는 자포자기하게 된다. 사건과 직면하는 것이 쉽지 않고 다른 사람의 힘을 빌리지 않으면 안 될 때도 있다. 변호인이나 카운슬러 등 전문가도 그 역할을 담당하지만

• 아들이 사람을 죽였습니다

가해자에 대한 사랑이 없으면 불가능하다.

와타나베 카요코의 아들은 약물을 사용한 상태에서 폭력을 써서 지인을 죽였고 상해치사죄로 기소되었다. 카요코는 남편과는 사별하였고 아들의 사건에 대해 본인 혼자서 전부 감당해야 했다. 아들이 사람을 죽였기 때문에 오랫동안 근무했던 직장도 그만둘 수밖에 없었다. 언론기자들이 압박해 왔고 주변 사람들의 시선도 무서워서 남편이 남겨놓은 재산에도 손을 놓아 버렸다. 그래도 카요코는 혼자서 당차게 언론기자들과 피해자를 감당했다.

문제는 아들과의 관계가 원만하지 않았다는 점이다. 아들은 카요코에게 면회도, 재판에도 오지 말라고 했다. 카요코는 범죄 후 한마디 사과도 없이 불평불만만 하는 아들의 태도를 참고 견딜 수 없었다. 카요코는 완벽주의자로 자신에게도 타인에게도 엄격한 사람이었다. 아들은 어머니와 같은 성격은 세상이 싫어하는 타입이라며 어릴 때부터 반발했었다.

아들은 이전에는 약물소지로 체포되었고 이번이 세 번째 체포였다. 카요코는 과거에도 면회를 갔지만 미안하거나 고마워하는 아들의 모습과 태도를 본 적이 없다. 아들은 엄마의 행동이 자신보다는 엄마 자신을 위한 일이라고 믿고 있다.

경찰관이나 변호사에게 머리를 숙이는 카요코의 태도에 "어머니가 저렇게 아들을 위해서 애쓰는데……."라며 관계자는 동정했지만 아들은 어머니가 주변에 보이는 그런 태도에 더욱 분노했다.

사건이 발생한 지 1년 이상 지났지만 어머니와 아들의 관계는 변하지 않았다. 카요코는 아들이 사건을 일으킨 이후 저명한 종교인을 만나거나 양육전문가에게 교육을 받는 등 많은 조언을 받았다. 그들의 조언대로 편지를 쓰거나 대화를 하려고 했지만 아들로부터 돌아온 것은 폭언뿐이다. 그래도 좌절하지 않고 관계회복을 위해 계속 노력했음에도 불구하고 사람의 목숨을 빼앗는 최악의 상황까지 맞이하게 된 것이 원망스러웠다.

재판 시 피해자의 의견진술이 있던 날 유족이 법정에서 증언할 때 필자는 카요코와 동행했다. 카요코는 정면을 쳐다볼 수 없이 몸이 굳어진 채 고개를 숙이고 있었다. 유족의 대표로서 아직 어린아이를 남겨 둔 피해남성의 부인이 떨리는 목소리로 증언했다

"살해당한 남성에게는 어린아이가 있습니다. 자녀는 아직 아버지의 죽음을 이해할 수 없이 항상 아버지가 집에 돌아오는 시간이 되면 지금도 아버지를 맞이하러 현관으로 달려 나갑니다. 만일 그날이 마지막 날이라는 것을 알았다면 사랑하는 남편에게 말해 주고 싶은 것이 많이 있습니다."라고 부인은 눈물을 흘리면서 이야기했다.

나는 가해자가족의 지원자로서 동행했음에도 불구하고 유족

의 이야기를 들으면서 흘러내리는 눈물을 멈출 수 없었다. 옆에서 방청하고 있던 카요코는 얼굴을 숙인 채 울고 있었다. 카요코의 아들 역시 얼굴을 숙인 채 어깨를 떨며 울고 있는 모습이 보였다.

"남편이 죽고, 처음으로 알았습니다. 단지 살아 있는 것만으로도 감사하다는 것을요."

카요코는 이 말에 정신이 들었다. 살아 있는 것만으로도 다행이다. 그렇게 생각하고 아들과 관계회복을 할 수 있을까? 사건이 일어나기 전부터 그런 관계를 맺었어야 했다는 생각과 함께 있는 그대로의 아들을 인정한 적이 있었나 하는 생각이 들었다. 사건이 발생하고 면회를 갔을 때에도 아들로부터 잘못했다는 말과 고맙다는 말을 강요했을 뿐 아들이 왜 이러한 일을 하게 된 것인지 아들의 마음을 헤아려 본 적은 단 한 번도 없었다.

카요코를 두 번 다시 만나고 싶지 않다고 아들은 말했지만 구치소로 향하는 그녀의 발걸음을 막을 수는 없었다. 면회를 거절당해도 건강하라는 편지와 함께 영치금을 넣어 주었다. 한 달 정도 지났을 때 아들은 처음으로 어머니에게 감사의 말을 했다. 그는 이제 어머니가 넣어 준 영치금을 모아서 유족에게 사죄의 마음을 전하고 싶다고 말하게 되었다.

빼앗아 버린 목숨을 되돌릴 수는 없지만 자신의 가족이 잃어버린 것은 되돌릴 수 있다. 사건과 직면하면 할수록 자신이 잘못을 저지른 것, 되돌릴 수 없는 죄의 깊이에 절망적이 되었다. 그러나 이러한 상황에서도 가느다란 희망을 가지게 된 것은 아들을 버리지 않고 기다려 준 어머니가 있었기 때문이다. **사랑을 받아 본 적이 없는 사람은 중요한 사람을 잃어버렸던 인간의 아픔과 슬픔을 이해할 수 없다. 가족으로부터 진정한 사랑을 느낄 때 가해자 자신도 처음으로 변하려고 한다.** 그것은 가해자가 이제까지 사랑에 굶주렸다는 증거이기도 하다.

사랑받는다는 것은 '있는 그대로의 모습'을 받아들여 주는 것이다. 받아들여지고 있다고 느낄 때 인간은 앞을 향해서 살아갈 용기를 가지게 된다.

"사건이 모든 것을 빼앗아 갔다고 생각했어요. 집도, 일도, 신뢰도. 그렇지만 정말로 중요한 것을 남겼습니다. 그건 아들에 대한 사랑입니다."

이런 말을 듣는 순간이 가해자가족을 지원하면서 보람을 느끼는 때이다. 살던 곳에서 쫓겨나고 일도 그만두어야 하고 어디를 가도 차별의 시선이 느껴지는 생활은 가족에 대한 사랑도 증오로 바뀌게 한다. 차별이나 배제로부터 가해자가족을 지키고 가족만이 할 수 있는 역할을 할 수 있도록 끌어안아 주는 것 그것이 가해자가족지원의 종착점이다.

저자 후기

사람들은 항상 주변에 신경을 쓰고 이탈자로 보이는 것을 두
려워하며 욕구를 분출할 배출구가 막혀 있다. 집에서도 밖에서
도 착하게 보이려고 애쓰며 있는 그대로의 모습은 받아들여지
지 않는다. 그러한 스트레스는 언젠가 왜곡된 형태로 다른 사람
에게 폭발하게 된다.

그것이 내가 보았던 '범죄'였다.

부모의 교육방법이 나빴다거나 허용적이었다거나 세상의 모
든 언어로 가해자가족을 비난한다. 이러한 무책임한 비난은 가
해자가족을 상처 입히고 사회로부터 격리시킬 뿐, 가해자가 갱

생(교정)할 수 있는 기회와 범죄예방의 중요한 실마리를 없애는 일이다. 나는 이런 부정적인 연쇄적 고리를 끊기 위해서 많은 사람들에게 범죄를 일으킨 가족들의 상황을 전할 필요가 있다고 생각했다. 가해자가족이기에 할 수 있는 역할이 반드시 있다. 그렇기에 가해자가족은 꼭 살아서 범죄와 마주하기를 마음 깊숙이 바라고 있다.

阿部恭子編著・草場裕之監修『加害者家族支援の理論と実践ー家族の回復と加害者の更生に向けてー』現代人文社、2015

阿部恭子著・草場裕之監修『交通事故加害者家族の現状と支援 ー過失犯の家族へのアプローチ』現代人文社、2016

岡本茂樹著『いい子に育てると犯罪者になります』新潮新書、2016

佐藤直樹著『なぜ日本人は世間と寝たがるのかー空気を読む家族』春秋社、2013

佐藤直樹著『犯罪の世間学ーなぜ日本では略奪も暴動もおきないのか』青弓社ライブラリー、2015

鈴木伸元著『加害者家族』幻冬舎新書、2010

髙木慶子・山本佳世子共編『悲嘆の中にある人に心を寄せて 一人は悲しみとどう向かい合っていくのかー』上智大学出版、2014

マティアス・ケスラー編・伊藤富雄訳『それでも私は父を愛さざるをえないのです』同学社、2008

ジェニファー・テーゲ、ニュラ・ゼルマイヤー著・笠井宣明訳『祖父はアーモン・ゲートーナチ強制収容所所長の孫』原書房、2014

아들이 사람을 죽였습니다 · 가장 연약하고 고독한 이름, 가해자가족 ·
MUSUKO GA HITO WO KOROSHIMASHITA: KAGAI-SHA KAZOKU NO SHINJITSU

초판 1쇄 발행 2019년 7월 10일
초판 2쇄 발행 2020년 2월 20일

지은이 아베 교코
옮긴이 이경림
발행인 김진환

발행처 (주)학지사
발행처 이너북스   **주소** 서울특별시 마포구 양화로 15길 20 마인드월드빌딩
대표전화 02-330-5114   **팩스** 02-324-2345
출판신고 2006년 11월 13일 제313-2006-000265호
홈페이지 http://www.hakjisa.co.kr

ISBN 978-89-92654-52-4 03180

출판·교육·미디어기업 학지사
간호보건의학출판 **학지사메디컬** www.hakjisamd.co.kr
심리검사연구소 **인싸이트** www.inpsyt.co.kr
학술논문서비스 **뉴논문** www.newnonmun.com
원격교육연수원 **카운피아** www.counpia.com